読解力・得点力が上がる

現代文 重要キーワード 333

高橋

＊本書には、赤色チェックシートがついています。

はじめに

◇この本を書いたきっかけ

予備校で現代文の講義をする際、評論の論理的な構造や小説の心理的な流れを説明することも大切ですが、それ以前に、キーワードの意味を説明することも重要です。

しかし、限られた時間の中で、説明できる単語数には限界があります。そこで受験生に聞いてみると「現代文の重要語のわかりやすい単語集があったら、ぜひほしい」という声が多数でした。そのような日々の経験から、大学入試の現代文を深く理解するために必要なキーワードをまとめた単語集を出そうと思いました。

◇書く上で気をつけたこと

この本では、すべての単語をわかりやすく説明しています。現代文に出てくる言葉が難しく感じられるのは、その言葉が抽象的だからです。そのような抽象語の理解を目指し、どの言葉にも辞書には載っていない具体的な説明を加えることによって、受験生が言葉の意味をイメージできるように心がけました。

予備校の講義でも、抽象的な言葉を説明するとき、僕は身近な具体例を交えて丁寧に説明します。君が、そのような講義の臨場感を少しでも味わってくれたらいいなと思います。

◇受験生へのメッセージ

「知らないことを知ること」「わからないことがわかること」「できなかったことができるようになること」は、

人間にとって大きな喜びです。言葉の意味を正確に理解することによって、現代文を読み解く喜びを君が実感し、自分の夢や目標を実現することが、僕の喜びにもなります。

人は、ともすれば周囲の変化によって自分も変化すると思いがちですが、実は、君が言葉の意味を知ると、その言葉をまとった形で世界は現れます。

自分が変われば世界は変わる

君がこの本を手にした、今この瞬間から、世界は変わっていくはずです。

著者

もくじ

第9章 難しい言葉への挑戦100

第10章 最後の重要対義語

本文イラスト・中口美保

この本の特長と使い方

本書は、**入試現代文の読解に必要な重要キーワード**を「入試頻出の基本レベルの単語」から「受験生が知っておくことでライバルに差をつけられる単語」まで、**333の見出し語**を選りすぐってあります。テーマごとの全10章に分けて構成し、「現代文」が苦手な受験生には**基本がよくわかり**、「現代文」が得意な受験生には**より高い得点と深い理解につながる**よう、わかりやすく丁寧な解説を掲載しました。また、言葉の説明だけでは理解しにくい単語は、**図解やイラストなどで視覚化**しています。

最初は、各章ごとのテーマに沿って重要語の解説を読み進めるのがオススメですが、苦手な章や興味のある単語から読み始めても構いません。解説中に**わからない重要キーワードが出てきた場合は、【関連語】**などを参考に他のページを参照して、効率的に語彙を増やしてください。ほぼすべての見出し語に、**身近でイメージしやすい実戦的なオリジナルの例文**を載せました。言葉の意味だけでなく用法まで理解を深めて、ぜひ使いこなせるようになってください。

できるだけ早い学習段階から本書を通読し、以後は日常学習の際に**辞書的に使用して言葉への理解と読解の知識を実践的に学ぶ**ことで、高い効果を得られます。入試直前の最終チェックにも最適なので、本書を活用して**入試での得点力を最大限まで引き上げましょう**。

＊見出し語―333＋α　**重要語―329**　一般語―157（総語数―888）を掲載しています。

001 **絶対**《ぜったい》…他のものとは関係なく独立して存在するという意味

002 **相対**《そうたい》…他のものとの関係において存在するという意味

関連語
・客観／主観↓P14
・自己相対化↓P14
・超越↓P44
・文化相対主義↓P62

絶対は、「対」が「絶」えるということだから、他に比べるものがないという意味になる。

比べるものがない⬇**関係がない**⬇**絶対**というイメージで覚えておけば大丈夫！　比較することができない存在なのだから、具体例は限られる。たとえば、**一神教**の神。**唯一絶対神**という言葉を聞いたことがあると思うけれど、一神教の信者は、その神様を絶対化している。

相対は、他の何かと比べているという意味。

比べるものがある⬇**関係がある**⬇**相対**というイメージで覚えておけば大丈夫！　何かと比べるということは、誰もが日常で経験していることだから、具体例はたくさんある。

たとえば、周囲の人の背が高ければ自分の背は低くなるし、周囲の人の背が低ければ自分の背は高くなる。体重や成績も、周囲との関係で決まる。それらの関係を相対的な関係という。

ちなみに、「**～的**」は、「**～という性質を持つ**」「**～という状態の**」という意味。「**～化**」は、「**～という状態に変える**」「**～という状態に変わる**」という意味。

絶対と相対を整理すると、こうなる。

●他にはない⬇関係がない⬇**絶対**
●他にもある⬇関係がある⬇**相対**

例 親の子に対する愛は、相対的なものではなく絶対的なものであるべきだ（親は子を、他の子と比べて可愛いと思うのではなく、他の子と比べることなく、自分の子であるというだけで、愛情を注ぐべきだ）。

003 **抽象《ちゅうしょう》**…共通する性質を抜き出すこと

004 **具《ぐ》体《たい》・具《ぐ》象《しょう》**…姿や形があるもの／そのものだけの性質を持つもの

関連語

・概念→P40
・本質／現象→P21

抽象の「抽」には「抜く」、「象」には「形」という意味がある。だから**抽象**は、**形**＝**共通性**を**抜き出す**という意味で覚えておこう。

具体と具象は同じ意味。具体の「具」は「そなえる」という意味だから、**具体**は「**体をそなえる**」、**具象**は「**形をそなえる**」という意味になる。

たとえば、チワワとヨークシャーテリアと柴犬は具体だけれど、それらの共通性を抜き出すと「犬」になる。

具体を抽象化するとき、そのもの特有の性質（この場合はチワワやヨークシャーテリアや柴犬の性質）は切り捨てられる。このように、そのもの特有の性質を切り捨てることを**捨象《しゃしょう》**という。

また、犬と猫とうさぎの共通性を抜き出して抽象化すれば、動物になる。さらに、動物と植物の共通性を抜き出せば生物になって、抽象性は、より高まる。

ちなみに、「犬」「動物」「生物」のような共通性質を「概念」という。抽象的な概念になるほど、具体的な現実から遠ざかるのでイメージしにくくなる。

▼**抽象化と具体化**

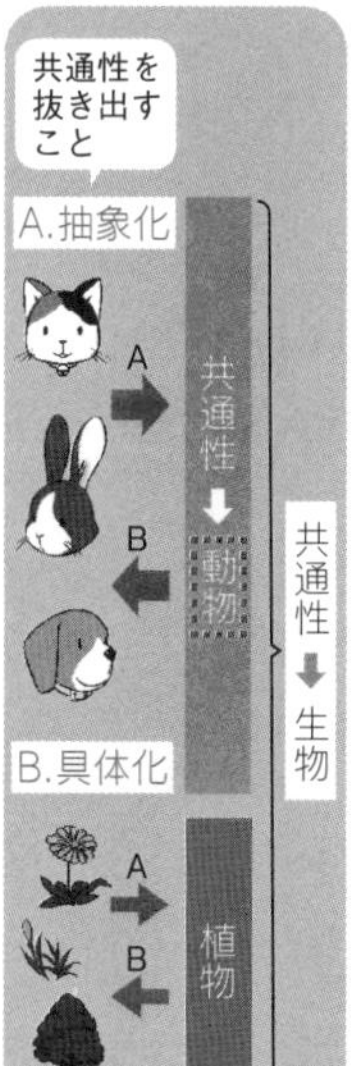

●**抽象・抽象的**⬇イメージしにくい
⬇漠然としていてわかりにくい

●**具体・具体的**⬇イメージしやすい
⬇明確でわかりやすい

例 抽象的な議論をする（現実離れした意見を述べ合う）のではなく、具体的な方法を検討する（現実に即した方法を考える）べきだ。

005 普遍《ふへん》・一般《いっぱん》…全体に共通して当てはまること
006 特殊《とくしゅ》・個別《こべつ》…部分にしか当てはまらないこと

関連語
・演繹／帰納→P13
・客観／主観→P14

普遍の「普」も「遍」も、「あまねく」という意味。「あまねく」は、すべてにわたって広くという意味だから、**普遍**は、**広く全体に共通して当てはまる**という意味になる。たとえば、ニュートンの万有引力の法則は、地球だけでなく、宇宙空間においても成立するので普遍性を持つといえる。「**～性**」というのは、「～という性質を持っている」という意味。

また、「命あるものはいつか死を迎える」という命題も、普遍性を持つ。過去・現在・未来、いつの時代でも成り立つし、世界中どこでも成り立つからである。これを**真理**というが、不老不死が実現したら、この命題は普遍性を失う。

命題とは、真偽《しんぎ》を判定できる文のこと。

普遍と一般は、ほとんど同じ意味だが、**普遍**には、例外を認めない強い意味があるのに対して、**一般**には、例外を認めるニュアンスがある。たとえば「会社にはスーツを着て行くのが一般的」という場合、その言葉には、スーツを着ないで会社に行く人もいることを、それとなく認める意味合いがある。

特殊は、普通＝一般的でないこと。だから、多数派が一般、少数派が特殊になる。たとえば、日常生活で和服を着る人は特殊な少数派、洋服を着る人が一般的な多数派になる。**個別**は、一つひとつ別々という意味。

● **普遍** ⬇ いつでも、どこでも成立する
⬇ 時間・空間を問わない

● **特殊** ⬇ いつか、どこかで成立する
⬇ 時間・空間が限られる

例 キリスト教は、普遍的（世界共通の宗教）ではなく、特殊な宗教（一部の信者の宗教）である。

007 演繹《えんえき》…一般的な法則を個別の事柄に当てはめること

008 帰納《きのう》…個別の事柄から一般的な法則を導き出すこと

関連語
・普遍・一般／特殊・個別
↓P12

普遍的で一般的な法則を個別の事柄に当てはめることを演繹といい、反対に、**個別の事柄から普遍的で一般的な法則を導き出すこと**を帰納という。

たとえば、万有引力の法則をさまざまなものに当てはめて、りんごだけでなくバナナやテニスボールを落としてみたりする。その作業を演繹という。逆に、りんごやバナナやテニスボールが落下することから万有引力の法則を導き出せば、その作業を帰納という。

また、「命あるものはいつか死を迎える」という命題を演繹すれば、犬も猫も鳥も魚も人間も、すべて死を迎えることになる。逆に、犬や猫、鳥や魚、人間、さらには、植物を観察して、命あるものはすべて死を迎えるという命題を導き出せば、その作業は帰納といえる。

ちなみに、演繹的な方法として、たとえば「すべての人間は死を迎える。ソクラテスは人間である。ゆえに、ソクラテスは死を迎える」というように、二つの前提から一つの結論を導き出す**三段論法**がある。

例

「失敗は成功のもと」という法則を演繹すれば（君に当てはめれば）、君の失敗も成功につながる。

今までに観察した雪は、すべて結晶していた。その事実から帰納的に考えれば（一般的な法則を導けば）、雪は結晶しているといえる。

009 客観《きゃっかん》…皆に共通する、ものの見方や考え方
010 主観《しゅかん》…自分だけの、ものの見方や考え方

関連語
・絶対／相対→P10
・普遍・一般／特殊・個別→P12

客観は、誰もがそのように考えると思われる、ものの見方や考え方。「地球は丸い」というのは、客観的な事実と言われる。逆に、**主観**は、自分だけのものの見方や考え方。「富士山は美しい」と言えば、同意する人が多いから、客観性は高い。でも、芥川龍之介のように「雲は美しい」と言えば、主観的と言われてしまう。

皆に共通する考えだから、**客観的な意見の場合、普遍性や一般性を持つ可能性が高い。反対に、主観の場合、ひとまず個別的で特殊な考えとして扱われるだろう。**

- **客観**→皆に共通する考え→普遍・一般的
- **主観**→自分だけの考え→特殊・個別的

客観と主観は、**客体**《きゃくたい》と**主体**《しゅたい》という意味で使われることもあるので注意が必要。**主体**とは、認識し、**動作の影響を及ぼす存在**、**客体**とは、認識され、**動作の影響を受ける対象のこと**。たとえば、A君がB君を見かけて声をかけた場合、A君が主体でB君が客体になる。

また、**自己客観視**という言葉もある。**自己客体化**、**自己相対化**と同様、もう一人の自分が、自分を冷静に外部から対象として眺めるという意味なので、これも覚えておこう。

たとえば、自分で自分をかわいそうと思う**自己憐憫**《れんびん》も、自己相対化の一例といえる。

さらに、**間**《かん》**主観性**という言葉もある。複数の人々の間で共有される同じようなものの見方という意味で、**相互主観性**、**共同主観性**とも言う。人々が、自分の主観を超えて客観へと向かうとき、間主観性が出現する。

例 時間は客観的には（誰もが認めるように）同じ速度で流れているけれど、主観的には（自分の感覚では）短く感じたり長く感じたりすることがある。

011 意識《いしき》……言葉にできる世界
012 無意識《むいしき》…言葉にできない世界

関連語
・自己→P31

意識は、人が何かを認識したり、思考したりする心の働きのことをいう。その場合、認識や思考には言葉が必要だから、意識というのは、言葉や記号にできる世界ということになる。

無意識は、それとは逆に、言葉にできない世界のことをいう。たとえば、君が出かけるとき、なぜ靴を右足あるいは左足から履いたか、言葉で説明できないと思う。それは、無意識にその行動をしているからである。でも、縁起をかついで、いつも左足から靴を履いていたら、それは意識的な行動といえる。

意識の世界と無意識の世界を比べた場合、無意識の世のほうがはるかに大きいことも押さえておこう。人間は、意識的に物事を判断し行動しているように思っているけれど、意外に無意識の影響を受けている。

デカルトという人は、近代哲学の創始者といわれ、「**コギト・エルゴ・スム**（Cogito ergo sum）＝**我思うゆえに我あり**」という言葉を残している。その「思う」というのが意識の働き。

でも、歩いているときに頭上から鉄骨が落ちてきたら、考えている時間はない。おそらく反射的に、右か左によけると思う。その場合、意識ではなく、本能によって無意識的によけたことになる。

例 無意識（言葉にできない世界）を意識化する（言葉で表現する）のは困難である。

013 理性《りせい》…物事を筋道立てて考える精神的な能力
014 感性《かんせい》…物事を五感で感じ取る感覚的な能力

関連語

・本質／現象→P21
・パトス→P73
・ロゴス→P74

たとえば、満開の桜を美しいと感じるのは感性で、「桜ってバラ科だよな」「ソメイヨシノって漢字にすると染井吉野だよな」などと考えるのが理性。

人間には、視覚・聴覚・嗅《きゅう》覚・味覚・触覚という五感があるけれど、その**五感を使って外界を捉《とら》える能力**を**感性**という。**感受性**と言い換えることも可能。

また、感性によって世界を捉えたときに心の中に生起する喜怒哀楽や好き嫌いなどの気持ちを**感情**という。ちなみに、映画を見たり小説を読んだりするときに、登場人物に自分が同化することは**感情移入**という。

さらに、**情動**という言葉もある。情動とは、急に湧《わ》き上がる、言葉にしにくい感情のこと。似た言葉に情念があるが、**情念**には、過去から今まで持ち続けている強い思いの蓄積という意味がある。

そして、**直感**と**直観**も区別しよう。**直感**は、感覚によって物事を瞬間的に感じ取ること。**直観**は哲学用語で、直接物事の本質を捉えること。たとえば、「この人は悪い人ではない」と第六感で感覚的に判断するのは直感、突然宇宙の真理を見抜くのは直観といえる。

一方、**理性**は、**物事を論理的に考える能力**である。理性と似た言葉に**悟性**《ごせい》がある。悟性は、本来経験や知識によって説明を理解する能力のことだから、自分で説明を考える理性と区別されるべきだけれど、現実には理性と悟性は混同され、ほぼ同じ意味で使われている。

例 現代は感性の時代（感覚で物事を判断する時代）といわれるが、ときには理性を働かせる（感覚で捉えたことを論理的に筋道立てて考える）べきである。

015 分析《ぶんせき》…部分的に分けること
016 総合《そうごう》…全体的にまとめること

たとえば、水を考えてみよう。H_2Oのように、水は水素二つと酸素一つの化合物であると、部分に分けて考えるのが**分析**。逆に、部分に分けず、水をありのままの姿で全体的に捉えるのが**総合**（綜合）。

水は多様な意味を持つ

科学は、原則的に分析という方法を採る。外界を対象として客観的に捉え、実験や観察によって分析し、明晰《めいせき》で一般性・普遍性を持つ真理・法則を発見しようとするのが**近代科学**の方法論である。

このような科学的方法は、近代になって急速に普及したが、その結果、ものの見方が画一的になったともいえる。たとえば、水をH_2Oと考えてしまうと、水は、それ以外の意味を持たない。しかし、水を全体として総合的に捉えてみれば、飲み水としての水、水浴びで浴びる水、そして海や川や湖の場合、精霊《せいれい》や神が宿る場所というように、そこには多様性がある。近代科学が否定したのは、そのような多様性に他ならない。

近代という時代は、科学による分析的な見方が主流だったが、その反省に基づいて、**分析だけでなく物事を総合的に捉え、多様なものの見方を認めようとするのが、脱近代＝ポスト・モダンとしての現代の流れである**ことも知っておこう。たとえば、湖に神が宿ると考えることは、無闇な開発による環境破壊の阻止につながる。

例 何かを分析しても（部分に分けても）全体像は得られない。その場合、総合的に考える（全体的に捉える）ことも一つの方法として有効である。

関連語

・一義／多義→P18
・モダン／ポスト・モダン→P85

017 **一義《いちぎ》**…一つの意味しかないこと
018 **多義《たぎ》**…多くの意味を持つこと

関連語
・分析／総合→P17
・モダン／ポスト・モダン→P85

「**義**」という言葉には、「意味」という意味がある。**字義**といえば、その文字の意味になるし、**意義**といえば、そのまま意味になる。また、対義語の**対義**は、反対の意味、さらに、**両義**といえば、両方二つの意味を持つということになるし、**広義**といえば、広い意味、**狭義**といえば、狭い意味になる。同様に、**一義**は**一つの意味**、**多義**は**多くの意味**と覚えておけば大丈夫。

❶ **義**＝意味
❷ **一義**＝一つの意味
❸ **多義**＝多くの意味
❹ **両義**＝二つの意味
❺ **広義**＝広い意味
❻ **狭義**＝狭い意味

実際には、一義は**一義的**・**一義性**、多義は**多義的**・**多義性**という言葉として出てくることが多い。

何かを科学的に分析する場合に画一的な見方になるのは、[一つの意味]＝[一義性]を求めるからである。それに対して、何かを総合的に捉えた場合に多様な見方が可能になるのは、[多くの意味]＝[多義性]を認めるからである。

●近代→分析→**一義性**を求める→**画一性**
●脱近代→総合→**多義性**を認める→**多様性**

例 氷が溶けると水になるというのは一義的な（一つの意味しか認めない）ものの見方だが、氷が溶けると春になるというのは多義的な（多くの意味を認める）ものの見方である。

019 一元《いちげん》…根本は一つである
020 多元《たげん》…根本は複数である

関連語
・絶対／相対 → P10
・多文化主義 → P62

元 ＝ 根本 というイメージを持とう。そうすると、**一元論**は、根本的な一つの原理によってすべてを説明しようとする考え方で、**多元論**は、複数の根本的な原理によってすべてを説明しようとする考え方だと理解できる。

一元論には、**精神**を根本とする**唯心《ゆいしん》論**や**物質**を根本とする**唯物《ゆいぶつ》論**、精神でも物質でもない究極的な実在を根本として想定する**中立一元論**などがある。

それに対して、精神と物質など、二つの原理によってすべてを説明しようとする考え方を**二元論**という。また、たとえば、地、水、火、風など複数の実在によって世界や宇宙を説明しようとする考えを**多元論**という。

一元と多元は、実際の文章では、**一元的**、**一元化**、**多元的**、**多元化**という言葉として出てくることが多い。

たとえば、キリスト教やイスラム教やユダヤ教などのように**唯一絶対神**を信仰する一**神教**の世界観は、一元的になりやすい。一方、原始宗教のように精霊や複数の神々を崇拝する**多神教**の世界観は、多元的になる。

多元的なものの見方は、他の見方を認めるという意味で相対的である。逆に一元的なものの見方は、その考えしか認めないという意味で絶対的になりやすい。

たとえば、本来、世界には独自性を持つ文化が多元的に存在する。しかし現在、アメリカを中心とする**市場原理主義**が世界中に広まり、**グローバル化**は世界を一元化、画一化しようとしている。だが、大切なのは、多様な文化の独自性を尊重し、多元性を維持することである。

例 グローバル化は世界を一元化しつつある（一つの根本的な原理やルールを世界に通用させつつある）が、文化の多元性（文化における複数の根本原理）を維持することが大切である。

021 未知《みち》…まだ知らないこと
022 既知《きち》…すでに知っていること

関連語
・ミクロ／マクロ→P78
・類推→P144

一般的には、知識を増やすことによって未知の領域が減り、既知の領域が増えていく。この場合、未知と既知の関係は、反比例になる。

しかし、知らないことを知れば知るほど、自分が知らない領域の大きさに気づく場合もある。**既知の領域が増えるほど、未知の領域が減るのではなく、逆に増えていく。**この場合、既知と未知の関係は、正比例になる。

たとえば、宇宙について知れば知るほど、宇宙の謎に気づかされたり、ミクロの世界について知れば知るほど、その不思議さに驚かされたり、ということがある。分子生物学の世界においては、生命について知れば知るほど、生命の神秘性が明らかになるという。

普通は、十のうち一を知れば残りは九と考えるが、学問の最先端にいる人の多くは、一を知ると知らないことが十出てくるという。学問の奥深さに触れている人ほど、謙虚になれるのかもしれない。

ところで、たとえば「今まで出会った人で澄んだ目をしている人に嘘つきはいなかった。だから、澄んだ目をしたこの人も嘘つきではないだろう」というように、私たちは、未知の物事に出会ったとき、すでに知っている事実を基準にして考える傾向がある。このように、**既知の事実を基準にして未知を予測することを類推《るいすい》＝アナロジーという。**

古代・中世においては、**ミクロコスモス**（小宇宙）としての人体と、**マクロコスモス**（大宇宙）には、類似した関係があり、人体と宇宙は互いに照応していると考えられていた。これも、人体に関する既知の事実を基準にして宇宙という未知の世界を類推した例といえる。

例
既知の（すでに知っている）領域が増えるにつれて、未知の（まだ知らない）領域が減るどころか、むしろ増えるということを実感した。

023 本質《ほんしつ》…そのものが持っている独自の重要な性質
024 現象《げんしょう》…感覚によって捉《とら》えられるものの姿や形

桜の木がある。その下に花見客がいる。犬を散歩させる人もいるし、池には鴨もいる。たとえば、この風景が現象である。では、桜と人、犬や鴨の本質は何か？　これらに共通するのは、生命だが、生命の本質は、自己複製能力といわれる。このように、**現象は目に見える姿や形である一方、本質が目に見えることはない。したがって、現象は具体的で、本質は抽象的といえる。**

●**本質**→見えない→不可視《ふかし》→抽象的
●**現象**→見える→可視《かし》→具体的

では、経済の本質とは何だろう？　株価は上昇したり下降したりする。これは目に見える現象である。ならば、その本質は？　需要《じゅよう》と供給《きょうきゅう》かもしれないし、生産と消費のサイクルかもしれない。でも、見方を変えれば、経済の本質は人間の欲といえるのではないだろうか。市場経済において、得する人がいれば、損する人もいるのは常識だが、誰もが自分だけは得したいと思って経済活動に参加する。だから、得をしたい人々の欲望が経済を動かすとも考えられる。その場合、目に見える株価は現象で、目には見えない欲望が本質になる。

現代文を読むとき、現象と本質を意識すると、実力がアップする。具体的な話＝現象が例として挙げられている場合、その話を抽象的にまとめている部分に本質がある。また、内容が抽象的でわかりにくい場合、具体例＝現象を想起してみるとよい。ちなみに、**森羅万象**《しんらばんしょう》とは、宇宙に存在するすべての現象のこと。

関連語
・抽象／具体・具象→P11
・可視／不可視→P26

例
この世のさまざまな現象（感覚によって捉えられるものの姿や形）から本質（そのもの自体の重要な性質）を考えることが大切である。

025 目的《もくてき》…成し遂げようとしている事柄

026 手段《しゅだん》…目的を達成するための具体的な方法

関連語

・媒体
↓P45

大学合格のために勉強する。この場合、大学合格が目的で、勉強が手段になる。あるいは、現代文の成績を上げるためにキーワードを覚える。この場合、成績アップが目的で、キーワードを覚えるのが手段になる。つまり、未来における［X］のために現在［Y］をするというとき、［X］が**目的**で、［Y］が**手段**になる。

どんなことでも目的を実現するには、具体的な方法としての手段と、持続する意志の二つが必要である。

だが、本来、目的のための手段であったはずなのに、その手段自体が目的になってしまうことがある。それを**手段の自己目的化**といい、そのような行為《こうい》を**自己目的的行為**という。たとえば、スポーツを考えるとわかる。健康のためにするスポーツは、目的のための手段だが、スポーツをするうちに、その魅力にはまり、マラソンランナーが、ただ走りたいから走るように、行為自体が目的となることがある。これが手段の自己目的化。

実は、勉強にも同じことがいえる。たしかに、合格という目標のための手段としての勉強なのだけれど、何かをきっかけに、勉強自体が面白くなってしまうことがあると思う。たとえば、現代文の評論を読んでいて論理の緻密さに感心したり、小説を読んでいて登場人物に思わず共感したりするとき、「現代文って意外に面白い」と思えたならば、その瞬間、勉強は単なる手段から自己目的的行為になろうとしている。

目的のための手段と考えると、その行為はときにつらい苦行《くぎょう》になるけれど、それ自体が目的になってしまうと、その行為は楽しみになる。そんなことも、知っていてほしい。

例 散歩は、目的地に行くための単なる手段（目的を達成するための方法）ではなく、自己目的的行為（それ自体を目的とする行為）である。

027 合理《ごうり》……理屈に合うこと
028 非合理《ひごうり》…理屈に合わないこと

論理的に筋道を立てて考えたときに、すっきりと説明できれば、それは合理的ということになる。逆に、どうしても論理的に説明ができなければ、それは非合理的ということになる。

たとえば、真夜中の公園で、動く白い何かを見て「幽霊！」と思ったが、正体は枯れススキだったというのは合理的説明だが、そこに何もなかったら、動いていた白い何かは、非合理的な存在になる。

近代は理性を重視した時代で、合理的であることを正しい方法とした。 それを合理主義という。その結果、合理的という言葉にはプラスイメージが与えられた。

しかし、たとえば、なぜ宇宙が存在するのか、なぜ生きねばならないのか、死とは何かというように、**理性で完全には説明できない非合理な世界も、この世には存在する。**

それらの世界を捉えるのは感性や直観だが、近代とは異なり、多様な見方が認められる現代においては、非合理という言葉が必ずしもマイナスイメージを持つとは限らないことにも注意しよう。

ただし、**不合理**《ふごうり》という言葉の場合、筋が通らなく矛盾しているというマイナスイメージの意味で使われることが多い。**不条理**《ふじょうり》や**理不尽**《りふじん》も同じ意味。

合理化という言葉には、たとえば組織の合理化のように、無駄を省いて効率的に目的を達成するという意味がある。この場合、組織からすれば、合理化はプラスイメージの言葉になるが、働く人々からすれば、人間性が尊重されなくなったり、解雇されたりする可能性がある以上、合理化は、マイナスイメージの言葉になる。

例 近代は合理主義の（すべてを理屈で割り切ろうとした）時代だったが、現代には、非合理的な（理屈で割り切れない）存在を再評価する思想もある。

関連語

・前近代／近代→P38
・合理主義→P56

029 原因《げんいん》…物事を引き起こすもとになること
030 結果《けっか》…原因によって引き起こされた物事

関連語
・合理主義→P56

努力したから合格した。合格したのは、努力したから。この場合、努力が原因で合格が結果。注意してほしいのは、原因と結果が存在するとき、必ず**原因**が先で**結果**が後だということ。つまり、そこには時間差がある。

原因と結果の関係を**因果関係**《いんが》というが、**因果律**や**因果性**、**因果法則**も同じ意味なので、それも覚えよう。

近代合理主義においては、理性によって論理的に筋道を立てて考えることが正しいとされたので、因果関係を把握するのは、とても大切なことだった。

しかし、たとえば、なぜ宇宙が存在するのか？　それは、ビッグ・バンがあったから。では、なぜビッグ・バンがあったのかと考えると原因が不明になる。ビッグ・バンを「神の一撃」と呼んだ時代もあったが、なぜ**神**は一撃を与えたのか？　そもそも、なぜ**神**は存在するのかと考えると、そこでも行き詰まり、因果関係が説明できなくなってしまう。

また、**生態系**においても、因果関係を明らかにすることは非常に困難である。生態系には**生物多様性**があり、さまざまな種が存在するが、それらは同時多発的に影響し合うため、何が原因で何が結果かわかりにくい。原因と結果には必ず時間差があるため、同時多発性を持つ世界に関しては、因果関係を把握することが難しい。

因果関係が不明な場合、それは偶然《ぐうぜん》**とされる。一方、因果関係が明確な場合、それは必然**《ひつぜん》**になる。**

ちなみに、**因果応報**は仏教用語で、過去の行動の善悪が現在に影響を与え、現在の行動の善悪が未来に影響を与えるという意味。

例 失敗したときは、原因（失敗を引き起こしたもともとの出来事）を究明し、成功という結果（原因によって引き起こされる出来事）を生むために努力すべきだ。

031 形而上《けいじじょう》…姿形のない、精神的・観念的な世界
032 形而下《けいじか》…姿形のある、物質的・感覚的な世界

たとえば、君が初夏の森を歩いている。新緑の若葉は目に清々しく、鳥の声が聞こえる。立ち止まって森の香りの中で深呼吸し、湧き水を手にすくって飲んでみる。足の裏に伝わる土の感触は柔らかく、どこまでも歩いていけそうな気になる。そしてふと「自然との共生って可能なのかな?」などという思いが脳裏に浮かぶ。

この場合、目に見える新緑、耳で聞く鳥の声、森の香り、おいしい湧き水、土の感触、つまり視覚・聴覚・嗅覚・味覚・触覚という五感で捉えた世界を、**形而下**の世界という。それに対して、頭の中で考えた自然との共生というテーマは、**形而上**の世界になる。

形而下は目に見える具体的な現象で、形而上は目に見えない抽象的な事柄とも言い換えられる。そして、本質が存在するなら、本質は形而上の世界にある。

たとえば、神は見ることができないから形而上の存在、人間は目に見えるから形而下の存在である。また、精神は目に見えない形而上の世界であり、物質は目に見える形而下の世界であるともいえる。

関連語

・抽象／具体・具象→P11
・本質／現象→P21

●**形而上**→見えない→不可視→抽象的→精神→本質
●**形而下**→見える→可視→具体的→物質→現象

ちなみに、現象の背後にある本質的で根本的な原理を見つけようとする学問を**形而上学**という。たとえば、哲学は形而上学の一つ。だが、形而上学に対し「所詮《しょせん》頭で考えただけで、経験に基づかない以上、観念的な学問にすぎない」という批判的な見方をする人もいる。

例 形而上学（精神的・観念的な世界の根本原理を知ろうとする学問）は、形而下の世界（物質的・感覚的世界）に生きる人間の精神的な遊戯である。

033 可視《かし》……見える
034 不可視《ふかし》…見えない

関連語

・抽象／具体・具象↓P11
・本質／現象↓P21
・不可逆↓P28

可視と不可視はそれぞれ、見える、見えないという意味。人は思考するとき、具体的なものから抽象的なことを考えたり、逆に、抽象的なことの具体的な例を考えたりする。それは、現象から本質を考えたり、本質から現象を考えたりすることでもあるけれど、結局、見える世界と見えない世界を行き来することになる。

●可視	⬇見える	⬇具体的	⬇物質的	⬇現象
⇔	⇔	⇔	⇔	⇔
●不可視	⬇見えない	⬇抽象的	⬇精神的	⬇本質

現代文を読んで思考するときも、この両者の間をダイナミックに往復する必要がある。

ちなみに、不可視の「**不可**」には「〜できない（can not)」の意味がある。

❶ **不可**（can not）
❷ **不可能** ⬇できない
❸ **不可解** ⬇理解できない
❹ **不可逆** ⬇戻れない
❺ **不可欠** ⬇欠くことができない
❻ **不可思議** ⬇考えてもわからない
❼ **不可侵** ⬇侵すことができない
❽ **不可知** ⬇知ることができない
❾ **不可避** ⬇避けることができない
❿ **不可分** ⬇分けることができない

例 精霊は、可視光線（肉眼で見える光線）では捉《とら》えることのできない不可視の世界(肉眼では見えない世界)の住人だが、気配を感じることはできる。

035 経験《けいけん》…ものの見方が変わり、ものの本質に近づくこと

036 体験《たいけん》…一回きりで終わってしまうこと

関連語
- 受苦→P43
- 経験主義→P56
- 原体験→P149

経験とは、外界に直接ぶつかることによって、抵抗感や障害意識を抱きつつ、試行錯誤《しこうさくご》を繰り返しながら、生き延びるための知恵を得ようとする営みのこと。本質への到達は難しいが、本質に近づくことは可能である。

たとえば、一人旅は、君にとって得がたい経験になる。行き先が外国で、言葉もうまく通じない状況の場合、見るもの、聞くもの、触れるものすべてが、異質な現実である。たとえ苦労しても、異邦の地で異邦人として過ごした経験は、自分を変える貴重な機会になる。

だが、添乗員につき添われて団体のバスツアーで旅行したならば、そのような経験は得られない。車窓から風景を眺めていたとしても、自分が変わることはないからである。同様に、テレビで旅番組を見ることも、経験とはいわない。それは、**疑似《ぎじ》体験**にすぎない。

経験と体験が対比して使われる場合、経験は重く、体験は軽い意味で使われることが多い。ただし、体験談を話すというように、体験を個人的な経験というニュアンスで使うことはある。また、他者の体験を自分の体験のように捉《とら》えることを**追体験《ついたいけん》**ともいう。

人が成長する上で、経験はとても大切である。しかし、都市化が進んだり、**バーチャル・リアリティ**（VR）の世界が拡大したりした結果、世界と直接交渉する経験が少なくなっている。これを**経験の喪失《そうしつ》**という。

たとえば、自分で米や野菜を育て、それらを料理して食べるのは、立派な経験である。だが、ファストフード店でハンバーガーを買ったり、コンビニエンスストアで弁当を買ったりすることを、経験とはいわない。

例 失敗を体験（一回きりの出来事）で終わらせることなく、経験（自分を変え、本質に近づくような出来事）にまで深めることが大切だ。

037 可逆《かぎゃく》……戻れること
038 不可逆《ふかぎゃく》…戻れないこと

たとえば、時間は戻らないと誰もが考えているだろうけれど、その場合、時間は**不可逆性**（戻らないという性質）を持つことになる。でも、タイムマシンの研究に精を出している人は、時間が戻るということを信じているわけで、その人にとっては、時間は**可逆性**（戻れる性質）を持つことになる。

ちなみに、可逆性と似た言葉に**可塑性**《かそ》という言葉がある。

可塑性とは、粘土のように変形しやすい性質のこと。一緒に覚えておこう。

例 人間は、生まれた瞬間から死に向かって進んでゆく。それは、不可逆な（決して戻ることのできない）出来事であって、可逆性を信じても（戻ることは可能ではないかと本気で思っても）無駄である。

関連語
・直線時間→P38

039 創造《そうぞう》…無から新しいものをつくり出すこと
040 模倣《もほう》…すでにあるものをまねること

創造とは、何もないところから新たに何かをつくり出すこと。たとえば、神が世界をつくり出したのは**天地創造**だし、神のことを**創造主**《そうぞうしゅ》、**造物主**《ぞうぶつしゅ》ともいう。

一方、最初から自分でつくり出すのではなく、すでにあるものをまねることを**模倣**という。ちなみに、ギリシャ語で模倣や擬態《ぎたい》を**ミメシス**（**ミメーシス**）という。

関連語
・マンネリズム→P87
・アウラ→P104

発明は、新たに物事を考え出してつくることだから創造の一種といえる。それに対して、**発見**は、まだ知られていなかったことを初めて見つけ出すこと。

例 学習は、模倣（すでにあるものをまねること）から始まり、創造（新しいものをつくり出すこと）につながる。

041 共時《きょうじ》…時間を固定して空間を考えること

042 通時《つうじ》…空間を固定して時間を考えること

関連語
・進歩主義→P58
・自文化中心主義→P62

共時性は、**同時性**ともいう。たとえば、現代に時間を固定してヨーロッパやアフリカ、オセアニアやアジアの文化を比較する文化人類学は、**共時**的な学問の代表といえる。それに対して、たとえば、ヨーロッパに空間を固定して、古代、中世、近代、現代というように時間を考える歴史学は、**通時**的な学問の代表である。通時的に考えると、他文化への関心が低くなる傾向があるため、**自文化中心主義**＝**エスノセントリズム**に陥《おちい》りやすい。また、歴史を、人間社会が発展し、進歩する過程であると見なす**歴史観**＝**進歩史観**にもとらわれやすくなる。

例 通時的に考える（空間を固定して時間を考える）だけでなく、共時性を意識する（時間を固定して空間を考える）ことも、学問には必要だ。

043 自律《じりつ》…自分で自分の行動を決めること
044 他律《たりつ》…他者に自分の行動を決められること

関連語
・主体／客体→P14
・受苦→P43

たとえば、受験生が自分の受ける大学や学部を自分の意志で決定し、意志を貫いたならば、その行動は**自律的**といえるが、親や先生のアドバイスに従って決めた場合、その行動は**他律的**ということになる。

自律と似た言葉に、**自立**《じりつ》がある。自立とは、他者の援助を受けず、自分だけの力で身を立てること。たとえば、君が大学を出たのちに社会人となり、経済的に一人前になることを自立という。

自律とは、**主体として積極的かつ能動的に行動している状態**であり、他律とは、**客体として消極的かつ受動的に行動している状態**である。

●自律⬇主体⬇積極的⬇能動的
●他律⬇客体⬇消極的⬇受動的

能動と受動と聞くと、能動がプラス、受動がマイナスというイメージを持つ人が多いと思う。でも、人生の出発点において人は受動的であることを思い出してほしい。自分の意志で生まれようと思って生まれてきた人はいない。英語で「I was born.」と受動態で表現するように、「生まれる」というのは、受動的な経験である。

だから、**人生は、環境という受動的な状況において能動的・積極的につくり上げていくものだともいえる**。自分で決められないことも多いとは思うけれど、その中で自分の生き方を模索するのが、人生なのだろう。

例 他律的に生きる(他者に自分の生き方を決められる)のではなく、自律的に生きる（自分で自分の生き方を決める）ことが大切だ。

045 自己《じこ》…自分
046 他者《たしゃ》…自分以外の人

関連語
- 意識／無意識→P15
- アポリア→P92
- アイデンティティ→P64

まず、**自己**と**自我**《じが》を区別しておこう。だいたい同じ意味だが、厳密にいえば、自己と自我は異なる。

意識と無意識のところで、**デカルト**という哲学者が「**コギト・エルゴ・スム**（Cogito ergo sum）＝**我思うゆえに我あり**」という言葉を残していると説明したけれど、「我思う」の「我」が「自我」、「ゆえに我あり」の「我」が「自己」である。言い換えれば、**思う「我」が「自我」、思われる「我」が「自己」**ということになる。

自我は、自分の意識のこと。**自己**は、意識だけでなく無意識の領域や自分の身体をも含むと考えてよい。

- **自我**⇒自分という意識（精神）
- **自己**⇒自分という意識＋自分の無意識（精神＋肉体）

自我の中でも、**特に近代的自我は、他者とは異なるたった一人のかけがえのない存在である個人としての自分自身というニュアンスで使われる。**

しかも、近代的自我を持った人々は、「たった一度の人生なのだから、他者の権利を侵害しない範囲で自由に幸福を求める権利がある」と考えるようになった。これを近代的自我の拡大という。

ちなみに、自我の対義語は**他我**《たが》。他我とは、自分の場合と同様、他者にもあると考えられる自分という意識。人間は、ともすれば自己中心的になりがちだけれど、[他者の自我]＝[他我]を認めることが、[自己中心性を脱する営み]＝[**脱中心化**]につながるという考えもある。

例 他者は、自己を映す鏡である（自分以外の人々は、自分が自分を理解するために必要な存在である）。

047 日常《にちじょう》……私たちが当たり前と思っている世界
048 非《ひ》日常《にちじょう》…私たちにとって異質な世界

関連語
・神話→P48
・トリックスター→P72
・カオス／コスモス→P80

たとえば、君にとって学校に通う日々は日常だけど、一人旅に出かけてみれば、旅先は非日常になる。普段は当たり前すぎて、あまり意識しないけれど、外国に行くと日本のよさを実感するように、**異質な非日常を経験することによって日常を再認識する**のは、よくある話。

晴れの日、晴れ着、晴れ舞台のように、普段と違う特別な時間としての非日常を、**ハレ**（**晴れ**）という。一方、ハレ（晴れ）の対義語に、普段の生活を表す**ケ**（**褻**）という言葉もある。たとえば、普段着を褻着《けぎ》という。

この世とあの世の場合、この世は日常で、あの世は非日常になる。この世を**此岸**《しがん》、あの世を**彼岸**《ひがん》ともいう。

また、**聖**《せい》と**俗**《ぞく》という対立もある。私たちが住んでいるのは俗世間、教会や神社仏閣は聖なる場所である。

文化人類学では、日常を**中心**《ちゅうしん》、非日常を**周縁**《しゅうえん》と分類する。日常では、秩序《ちつじょ》が維持されるが、非日常では、秩序が守られるとは限らない。無秩序と混沌《こんとん》が、そこにある。ちなみに、神話や民話において日常と非日常を自由に往来する存在を**トリックスター**という。

非日常の例としては、旅や祝祭、演劇などの芸術、嘘、そして、戦争などがある。

●**日常**⬇ケ（褻）⬇この世⬇生⬇此岸⬇俗
⬇秩序⬇中心
●**非日常**⬇ハレ（晴れ）⬇あの世⬇死⬇彼岸⬇聖
⬇無秩序⬇周縁

例 旅先では、日常（普段の生活）の延長ではなく、非日常（異質な世界）に没入する姿勢が必要だ。

049 現実《げんじつ》…ありのままの世界
050 虚構《きょこう》…つくりごとの世界

関連語
・リアリティ／バーチャル・リアリティ→P80
・実存主義→P55

たとえば、君が夏の公園で小説『雪国』を読んでいるとき、ふと目を上げると芝生や樹木が目に入り、手には本の重みや紙の感触が伝わる。この場合、芝生や樹木や本が現実、小説に書かれている世界が虚構になる。

現実は、たとえば、世界には同じ葉っぱが二枚とないように、何一つ同じものがない世界であり、一枚の葉っぱが新緑から紅葉へと変化するように、厳密にいえば、一瞬ごとに移り変わる世界である。

このような現実の世界を**実体**《じったい》、あるいは**実存**《じつぞん》ともいう。そして、抽象的な本質よりも、主体的な存在として生きる人間一人ひとりの具体的な実存を重視しようとした考えを、**実存主義**という。

それに対して、**虚構**、英語でいえば**フィクション**は、人間がつくり上げた、つくりものの世界のこと。たとえば、物語や小説は、つくりごとである。ちなみに、フィクションに対して、社会的な出来事を主観や作為《さくい》を加えず、ありのままに伝える文章を、フランス語で**ルポルタージュ**、英語で**ノン・フィクション**という。

だが、**言葉自体を人間のつくり出した虚構とするならば、言葉で書かれた文章は、すべて虚構になる。**

映像の世界においても、コンピュータ技術の発達に伴って、シミュレーションゲームなど、**疑似**《ぎじ》**現実**や**仮想**《かそう》**現実**、いわゆる**バーチャル・リアリティ**（VR）の世界が拡大している。これも虚構の一種である。

現実は、「理想と現実」のように、**理想**の対義語として使われることもある。

例 現代は、バーチャル・リアリティの技術の発達によって、現実（本当の世界）と虚構（つくりごとの世界）の区別がつきにくい時代である。

051 潜在《せんざい》…ひそかに隠れていること
052 顕在《けんざい》…はっきりと現れていること

潜在意識とは、人間の無意識的な深層心理のことである。潜在意識は、普段は現れないが、たとえば君が夢を見たとき、夢の中に現れる。これを潜在意識の**顕在化**という。ちなみに、夢を手がかりにして深層心理を明らかにする精神分析の方法を夢判断という。**潜在的**なものが、目に見えない深層に存在するのに対して、**顕在的**なものは、目に見える表層に存在する。

●潜在⬇深層⬇無意識
●顕在⬇表層⬇意識

例 潜在的な（ひそかに隠れている）能力が顕在化した（はっきり現れた）。

関連語
・意識／無意識→P15

053 有機的《ゆうきてき》…生命的なつながりが感じられる様子
054 無機的《むきてき》…機械的で温かみが感じられない様子

もともと化学用語だけれど、現代文に有機的・無機的という言葉が出てきた場合、右の意味で使われる。

たとえば「キーワードの知識が有機的に関連する」というのは、一つひとつの知識をバラバラに覚えている状態を脱し、覚えた知識が自分の中で生き生きとしたつながりを持つという意味。**有機的**は、プラスイメージで使われるこ

関連語
・デジタル／アナログ→P82

とが多い。

一方、たとえば「あの高層ビルの内部は無機的な空間だ」というように、**無機的**とは、機械的で冷たく、人間的な温かみが感じられないという意味。マイナスイメージで使われることが多い。

例 無機的な（機械的で温かみが感じられない）都市空間の中で、人々は有機的な（生命的なつながりが感じられる）関係を築こうとしている。

055 罪《つみ》の文化《ぶんか》…善悪の基準が内面化している文化

056 恥《はじ》の文化《ぶんか》…他者の評価で善悪が決定する文化

キリスト教の神にしても社会のルールにしても、西洋では、善悪の基準が個人の内部に内面化されている。そのため**西洋人は、自分の行為がよいことか悪いことかを、自分自身で自律的に判断する**といわれている。

それに対して、**世間体《せけんてい》を意識し、周囲の他者からどう見られるかを気にしながら生きている日本人は、自分の行動の善悪も、他律的に決めがち**だといわれている。

たとえ話に、誰も見ていなくても、神が見ていると考えて悪いことができないのが西洋人で、誰も見ていなければ、悪いことをしてしまうのが日本人という話もある。「誰も知らない」と日本人が考える一方、西洋人は「神のみぞ知る」と考えるのである。

西洋人が罪を犯した場合、その罪は、贖《あがな》うべき罪になる。贖うという言葉は少し難しいけれど、**罪滅ぼしをして罪をつぐなうこと**。これを**贖罪《しょくざい》**という。

また、自らルールをつくり、ルールを守ることを大切にする西洋人の好きな言葉に正義がある。スポーツにおけるフェアプレイの精神も、西洋から生まれた。一方、日本人が大切にするのは、**和の精神**である。日本人は、何よりも全体の調和を重視する。

ちなみに、人間は、他者からの視線だけでなく、自分の中のもう一人の自分によって、自分を恥ずかしいと思うときもある。そのような感情を**羞恥心《しゅうちしん》**といい、はにかみやはじらいの気持ちを**含羞《がんしゅう》**という。

関連語

・自律／他律→P30
・集団主義／個人主義→P57
・文化相対主義→P62

例 文化相対主義の立場に立てば、罪の文化（善悪の基準が内面化している文化）も恥の文化（他者の評価で善悪が決まる文化）も、対等な文化である。

057 文化《ぶんか》…人間の、おもに精神的な営みの成果
058 文明《ぶんめい》…人間の、おもに物質的な発展の結果

関連語

・文化相対主義→P62
・グローバリゼーション→P68
・文明／野蛮→P158

文化と文明は、同じような意味で使われることもあるけれど、対比的に使われている場合、**文化＝精神的**、**文明＝物質的**というイメージで捉えれば大丈夫！

文化（culture）の語源は、耕す（cultivate）こと。人間が自然に働きかける行為が文化の出発点である。それに対して、文明（civilization）は、直訳すると**都市化**ということ。特に、近代に入って科学技術が発達し、物質的に豊かになっていったことを**西欧近代文明**という。

たとえば、畑を耕してそばの実を育て、収穫したそばの実を石臼《いしうす》で挽《ひ》き、そば粉を打ち、包丁で切り、茹でたてをいただくのは、食文化。それに対して、大量の穀物《こくもつ》を飼料にして大量の牛を育て、その肉を食品工場で加工し、ファストフード店でハンバーガーとして大量に売るのは、精神文化というより物質文明だ。

長い歴史を通じて集団の中で伝えられ、受け継がれてきた信仰や風習、制度、思想、学問、芸術、精神的なあり方などの**伝統**は、文化である。

産業革命によって世界で最初に機械文明を手にした西欧は、世界各地に西欧近代文明を広め、絶大な影響力を発揮した。これを**西洋近代の政治的世界制覇**という。

現代は、世界の政治や経済がアメリカを中心に動く傾向が強く、世界のアメリカ化が進んでいる。

たとえば、世界中どこでもハンバーガーが食べられ、アメリカ資本のコーヒーショップでコーヒーが飲めるのは、便利なことかもしれないが、多様な食文化の破壊につながる行為でもあるということは、知っておこう。

例 文明（人間が物質的に発展した結果）による文化（精神的な営みの成果）の破壊に抵抗する人々は、世界中に存在する。

059 前近代《ぜんきんだい》……古代・中世
060 近代《きんだい》……宗教革命《かくめい》・市民革命・産業革命後の時代

人類が、歴史上最大の進歩や発展を遂げたのが**近代**という時代。近代文明の発達に伴って、時間意識や空間意識までもが大きく変化した。

前近代において時間は、前の年と同じ季節に同じことが繰り返される**円環《えんかん》時間**＝**循環《じゅんかん》時間**であった。たとえば、農業を営む人々は、先人と同様、春夏秋冬という季節の変化に合わせて、ゆったりとした時間の中で、季節ごとの農作業をして暮らしていたという。

ところが、近代に入って時間は、過去から現在、そして未来へと向かう**直線時間**に変化した。おそらく君も、直線時間を生きている。この変化の結果、**人々の志向は、過去へと向かう過去志向から、未来へと向かう未来志向になった**。ちなみに、過去より現在、現在より未来は素晴らしいと考える**進歩史観**も、近代に生まれた。

また、人々は未来に目標を設定し、目的を達成しようと努力するようになった。**目的至上《しじょう》主義**である。しかも、資本主義社会を生きる人々は、何よりも物質的な欲望の充足を目指した。これを**物質主義**という。

空間意識においても、ヨーロッパでは、世界観が、前近代の神や自然を中心とする世界観から市民社会における人間中心の世界観へと変化した。その結果、**人間中心主義**＝**ヒューマニズム**が生まれ、人々は、**個人**、さらに、**近代的自我**という意識を持つようになった。

近代科学の発達に伴って合理主義が主流になるにつれ、前近代のさまざまな考えが、非合理的とみなされ、否定された。これも近代という時代の出来事である。

近代とは、一般的には西欧近代のことであり、西欧以外の世界においては、**近代化**＝**西欧化**を意味する。日本の近代化は、明治以降に進んだ。中国から**和魂漢才《わこんかんさい》**の精神で学問を摂取したように、西欧から**和魂洋才《わこんようさい》**の精神で知識や技術を取り入れたのである。

近代化には、もちろんマイナス面もある。それを克服し

関連語
＊P39を参照

ようとしているのが、現代＝ポスト・モダンの時代である。このテーマに関しては、モダンとポスト・モダンのところでくわしく説明する。→P85

●前近代のキーワード

- 非合理→P23
- アナログ→P82
- 多義→P18
- 特殊→P12
- 人間中心主義→P61
- 和魂漢才→P146
- 総合→P17
- 多元→P19
- 多様性→P18
- 相対→P10

例 前近代（古代・中世）と近代（産業革命後の時代）の対比は、現代文の最頻出テーマである。

●近代のキーワード

- 合理→P23
- デジタル→P82
- 一義→P18
- 普遍→P12
- 近代的自我→P31
- 和魂洋才→P146
- 分析→P17
- 一元→P19
- 画一性→P18
- 絶対→P10

061 概念《がいねん》…個々の具体的事物から抜き出された共通性質

AさんとBさんとCさんがいる。三人に共通するのは、言葉を話し、直立歩行し、道具を使うこと。このような共通する性質を**概念**という。簡単にいえば、人間という言葉の辞書的な意味が、人間の概念である。

「抽象と具体・具象」でも説明したけれど、具体的なものを抽象化して共通性を抜き出したときに、個々それぞれの性質は**捨象**される。

何かを概念として把握するとき、人はその事物に言葉を与え認識するが、それは、他のものからその事物を分ける作業でもある。その作業を**分節化**《ぶんせつか》という。人間は、外界の事物に名前を与え、世界を分節化してきた。

関連語
・抽象／具体・具象→P11
・観念→P40
・内包／外延→P42

例
猫の概念（個々の猫から抜き出された共通性）は、夜行性で鋭い爪とざらついた舌と敏感なひげと肉球の発達した足裏と明るさに応じて大きさを変える瞳孔を持ち、しなやかに動くネコ科の小型哺乳《ほにゅう》類である。

062 観念《かんねん》…頭の中に意識される内容

たとえば、猫と聞いたとき、君の頭の中に浮かぶ猫のイメージが、猫の観念。ただし、**観念は映像的なものに限らず、概念と同じ意味で使われることも多い。**

ギリシャ語の**イデア**に由来する。**観念的**という場合、「頭の中だけで考えていることにすぎない」というマイナスの意味で使われることが多い。**観念論**も、本来は「物質より

関連語
・表象→P71
・イデア→P93
・形而上→P25
・唯心論→P145

も精神を根源的な原理として重視する考え」という意味だが、「現実離れした考え」というマイナスの意味で使われることが多い。

ちなみに、**固定《こてい》観念**とは、意識を占領して、常に行動を決定するような観念のこと。そこに病的なニュアンスが加わると、**強迫《きょうはく》観念**になる。

例 君の意見は観念的だ（頭の中で考えていることにすぎない）。必要なのは現実を見つめることだ。

063 理念《りねん》…理想的な概念

関連語
・概念→P40
・イデア→P93
・現実→P33

たとえば、平和や正義のように、概念の中でも理想的で、人間にとって物事はこうあるべきであるという根本的な考え方を**理念**という。ギリシャ語の**イデア**に由来する。ドイツ語のイデーの訳語。

理想と現実も、重要な対義語。理想を非現実的な夢にすぎないと否定する人も世の中には存在するけれど、理想があるからこそ、人は理想に向かって進むことができる。いきなり理想を実現するのはもちろん難しい。だけど、努力によって一歩ずつ近づくことは可能である。

平和や正義も、人々が実現に向けて行動することによって近づくことができる大切な理念である。

例 不正を許さないという人は、正義という理念（理想的な概念）を心のどこかに持っている。

064 内包《ないほう》…ある概念が持つ性質
065 外延《がいえん》…ある概念が当てはまる事物のすべて

たとえば、人間の内包は、哺乳類の動物、直立歩行、道具や言葉の使用など。つまり、**言葉の概念として提示される共通性質**が**内包**であり、**意味内容**と言い換えられる。ちなみに、AIの使用というように、人間の内包を増やした場合、人間の外延は少なくなる。

外延は、**ある概念が当てはまるすべての事物**のこと。たとえば人間の場合、外延を、日本人、中国人、イギリス人、フランス人、アメリカ人……と考えてもよいし、白人、黒人、黄色人種……と考えてもよい。たとえば、うちの可愛いペットも人間として扱うというように、人間の外延を増やした場合、人間の内包は少なくなる。

例 外延（概念が適用される事物）の量と内包（概念の持つ性質）の量は反比例する。

関連語
・概念→P40

066 逆説《ぎゃくせつ》…一見すると矛盾するが、よく考えれば正しいともいえる文章

関連語
・矛盾→P46
・パラドクス→P75

逆説 ＝ **パラドクス**（パラドックス）。形容詞的にいう場合、**逆説的** ＝ **パラドキシカル**。一見、常識に反したり、論理に矛盾があったりするように見えるけれど、よく考えれば正しいともいえる文章を、逆説という。

たとえば「急がば回れ」は、逆説の代表例。急ぐときに回り道をするのは、一見矛盾する行為だが、危険を冒すこ

となく安全な道を選んだほうが、結局早く目的地に着くと考えれば、正しいともいえる。勉強でも、焦らず基礎から確実に勉強したほうが、最後には成果が出る。

大切なのは、逆説が成立するためには、理由が必要だということ。たとえば「負けるが勝ち」も逆説だが、その理由を、あえて無駄な争いをせず、勝ちを譲《ゆず》ることが、結局は自分に有利な状況をもたらし、本当の勝利になるからと考えてもよいし、負けを潔く認めることによって、人は自分を鍛錬することの大切さを再認識し、本当に強くなるからと考えてもよい。そんな真理を、この逆説は含んでいる。

逆説の素晴らしいところは、常識にとらわれず、さまざまな角度から物事を考えるきっかけになる点である。

例 「可愛い子には旅をさせよ」という逆説（一見矛盾する文章）は、子どもに世の中の苦しみや辛さを経験させることの大切さを教えてくれる。

067 受苦《じゅく》…感情の受動的な状態

関連語
・経験／体験→P27
・パトス→P73
・能動／受動→P152

パトスの訳語。人間は、外界と接する経験において、最初は受動的な状態に置かれる。なぜなら、人間は無力だし、一人では生きられない弱い存在だからである。

だが、そのような苦しみを経験し、**生きることの悲しさや寂しさ、切なさを知るからこそ、人は他者の苦しみをも自分の苦しみとして捉《とら》え、シンパシー＝共感を覚えることが可能になる。**もし受苦を経験していなければ、他者の苦しみを自分の苦しみとして捉えることなどできない。

例 人間は、能動的で主体的であるようでいて、実は、外界の事物によって揺り動かされ、受苦（感情の受動的な状態）を経験している。

068 情動《じょうどう》…言葉にしにくい感情

パトスの訳語。たとえば、なぜだかわからないが、無性に海が見たくなるときがある。理由をつければ、広い場所に行きたいからとか、癒されたいからとか、太古の昔に海から生まれた生命は、生命の母ともいえる海に懐かしさを感じるからなどと、一応の説明はできるだろう。けれど、理屈抜きに海が見たいと思うとき、その言葉にしにくい感情を情動という。

情動は、急速に湧き上がってくる。**無意識を言葉にできない領域、意識を言葉にできる領域とすれば、その中間の言葉にしにくい領域の感情が情動である。**

似た言葉に**情念**がある。情念とは、心の中に長い間消え去ることなく蓄積されている悲しみや怒り、あるいは愛や憎しみという強い感情である。

例 突発的な彼の行動は、情動（言葉にしにくい感情）に駆られた結果だと思われる。

関連語
・意識／無意識→P15
・パトス→P73

069 超越《ちょうえつ》…関係ないこと／超えること

超越は、「超える」より「関係がない」という意味で覚えておくとよい。たとえば、相対的世界は、他との関係によって成立する世界であるのに対して、絶対的世界は、そのような世界とは無関係な高い次元の世界である。そして、その**相対的世界から絶対的世界に向かうこと**を超越という。「**超～**」の意味も、「**～とは無関係な**」と覚えておくと

関連語
・絶対／相対→P10

便利。たとえば、異界や霊界を表す**超自然**という言葉は、自然法則とは無関係なため、理論では説明できない、もう一つの自然という

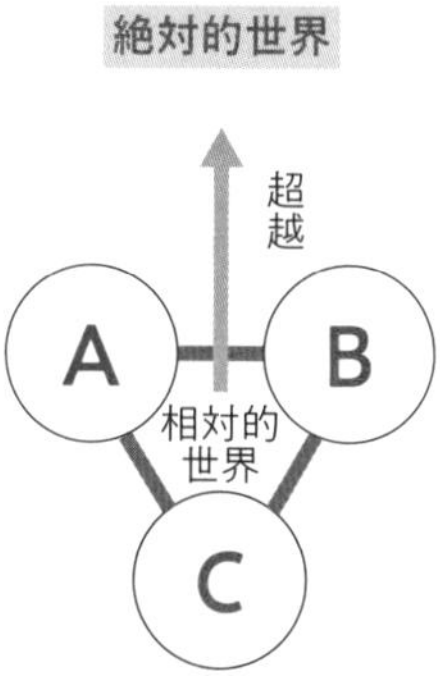

意味である。

例　神は超越的な（相対的世界とは無関係な絶対的）存在である。

070　媒体《ばいたい》…仲立ちとなるもの

メディアの訳語。**媒体**とは、**何かと何かの中間にあって、両者をつなぐ仲立ちになるもの**のこと。**媒介**も同じ意味。テレビやラジオ、新聞や雑誌は、**マスメディア**、すなわち事件現場などと人々をつなぐ媒体である。

インターネットも、現代社会における主要な媒体である。テレビが一方向の媒体であるのに対して、インターネットは双方向の媒体であるなどという。現代社会は、ＳＮＳなど情報を伝達する媒体だらけの社会である。

また、**媒体は、目的ではなく手段であることにも注意しよう**。たとえば「人間が道具を使うとき手は媒体になる」という場合、媒体＝手段で意味が通じる。

関連語　・目的／手段→P22

例　身体は、人間が五感によって外界を感受する媒体（仲立ちとなる手段）である。

071 対象《たいしょう》…意識が向けられているもの

たとえば、君の前を黒猫が通り過ぎていく。このとき、君の意識にとって黒猫が対象。つまり、**主体**が**客体**を認識するときの**客体**が**対象**である。

黒猫がそっけなく通り過ぎた後に、柴犬が来た。柴犬は全力でしっぽを振っている。「黒猫に比べ、柴犬は何て愛嬌があるんだ」と君が思ったら、猫と犬を**対照**的に見ていることになる。その後、柴犬は、飼い主と一緒に街路樹が左右**対称**に並ぶ通りを散歩したという。

同音異義語

●**対象**＝意識が向けられているもの
（例）恋愛対象　object

●**対照**＝照らし合わせて比べること
（例）比較対照　contrast

●**対称**＝対応してつり合っていること
（例）左右対称　symmetry

関連語
・主体／客体→P14

072 矛盾《むじゅん》…つじつまが合わないこと

昔、楚《そ》の国に矛《ほこ》（剣）と盾《たて》を売る商人がいて「自分の売る矛はどんな盾でも貫き通し、盾はどんな矛でも防いでみせる」と言ったところ、客から「では、お前の矛でお前の盾を突き刺したらどうなるのか」と問われ、答えられなかったという中国の故事に基づく言葉。

たとえば「嘘はつかない」と言っていたのに「嘘も方便」と開き直って嘘をつくように、**考えや行動に一貫性がないこと**を**自己矛盾**という。**自家撞着《どうちゃく》**も同じ意味。「優しい人

関連語
・齟齬《そご》→P131
・葛藤《かっとう》→P140

が好き」と言ったのに、付き合うと「私にだけ優しくして」と言う女の子がいたら、その子は自家撞着に陥っている。優しい人は誰にでも優しいし、その子にだけ優しいなら、優しいとはいえない。

例 人間とは、矛盾（つじつまが合わないこと）を抱えた存在である。

073 直喩《ちょくゆ》＝明喩《めいゆ》…はっきりとたとえること

074 隠喩《いんゆ》＝暗喩《あんゆ》…それとなくたとえること

関連語

・メタファー→P65
・シンボル→P71

両方とも、比喩《ひゆ》の一種。たとえば、さわやかな印象を与える女の子を柑橘《かんきつ》系の果物にたとえて「彼女はレモンのような女の子だ」と言えば 直喩 ＝ 明喩。いきなり「彼女はレモンだ」と言えば、 隠喩 ＝ 暗喩 になる。

「AはBのようだ」「BのようなA」「AはBだ」など、**比喩が成立するためには、A（たとえられるもの）とB（たとえ）の共通性が必要**である。

たとえば「時が凍りついた」という表現は、 隠喩 ＝ 暗喩 の一例だが、考えてみれば、時間も水も、本来流動的だが、水は凍ると固体化するし、時間も緊迫した場面では一瞬止まったかのように感じることがある。そのような共通性があるため、この比喩は成立する。

直喩でも隠喩でも、A（たとえられるもの）とB（たとえ）の共通性を考えると、比喩の意味が理解できる。

075 環境《かんきょう》…人間を取り囲む周囲の外界

環境の保護が唱えられるとき、自然や生態系という言葉が使われるが、そこにはニュアンスの違いがある。

自然（nature）という言葉は、自然科学（natural science）によって対象として把握される世界という意味で使われる。自然科学は、自然界の**因果関係**を捉《とら》えようとするだけで、自然に保護すべき価値を見出すわけではない。一方、**生態系**（ecosystem）の概念には、**生物多様性**という保護すべき価値が含まれているが、多様なことが同時多発的に発生するため、**因果関係**を正確に把握するのは不可能に近い。

そこで、人間は、周囲の外界を人類の生存にとって好都合な状態にすることが、利己的だが現実的と考えるようになった。その外界を適切に表現するのは、**自然**（nature）でも、**生態系**（ecosystem）でもなく、**環境**（environment）という言葉である。

関連語 ・原因／結果→P24

076 神話《しんわ》…根拠を疑うことなく誰もが信じていた話

原始社会の未開部族に伝わる物語を神話という。内容は、世界の成り立ちや部族の起源、現状の説明、未来の予言などである。神のような超自然的存在や英雄《えいゆう》による創造的な行為は、今から考えれば非合理的な出来事だが、当時の人々は、それを真実だと思っていた。

そこから、比喩的に、**根拠を疑わずに誰もが信じていた話**を**神話**と呼ぶようになった。たとえば「土地の値段は必ず上がり続ける」というのは、土地神話である。

関連語 ・文明／野蛮→P158

神話は、いつか崩壊する。だが、人間は神話を必要とする。何かを信じないと生きていけないからである。そして、一つの神話が崩壊すると新しい神話を求める。

例 震災によって安全神話が崩壊し（誰もが信じていた日本は安全な社会であるという話が信じられなくなり）、危機管理能力の欠如が露呈した。

077 世間《せけん》…世の中／世の中の人々

関連語 ・罪の文化／恥の文化

↓P36

日本人が大切にする概念に「**間**《ま》」がある。距離感と言い換えてもよい。近づきすぎて図々しいと言われないように、また、遠ざかりすぎて水くさいと言われないように、日本人は「間」を取りながら人間関係を維持している。ちなみに「間」を取れない人間は「間抜け」の烙印《らくいん》を押される。人間という字も、人と人との「間」である。その**人**《じん》**間**《かん》＝**人間関係の集積**が、**世間**である。

近代西欧社会においては、規則を大切にする個人が社会を形成しているのに対して、伝統的日本社会においては、**世間体**を気にする人間が世間を構成している。

現代社会においても、世間を無視することは難しい。だから、今の日本人には、社会における個人、世間における人間という二つの面があるともいえる。

例 恥ずかしいことをしたら、世間（世の中の人々）に顔向けできなくなる。

078 先入観《せんにゅうかん》…最初に知ったことによってつくられる固定観念

たとえば、初めて会う人でも、ありのままに見るということは難しい。前もって聞いていたその人に関する知識や情報によって見方が左右されてしまいがちだからである。たとえ何の情報もない状態で出会ったとしても、その人を見た瞬間に、服装の好みや髪型、立ち居振る舞いから、その人を判断してしまう可能性が高い。

このように、**純粋な思考や判断の妨《さまた》げとなるような「固定観念」**を先入観という。**先入見**や**先入主**も同じ意味。

バイアスという言葉も、似たような意味合いで使われることがある。もともと偏《かたよ》りという意味だが、ときに偏向や偏見という意味で使われる。

例 大人より幼い子どものほうが、先入観にとらわれる（事前に知っている知識や情報に惑わされる）ことなく、ありのままに世界を見ることができるという。

関連語
・観念→P40
・ア・プリオリ／ア・ポステリオリ→P79

079 大衆《たいしゅう》…社会における不特定多数の人々

大衆には、主体性がなく、情報や多数派の意見に左右されて付和雷同する人々という意味がある。現代社会は、**大衆社会**である。ちなみに、**サイレント・マジョリティ**は、沈黙《ちんもく》の大衆、声なき多数者という意味。

一方、**公衆**には、市民社会を構成する一員として主体的・自律的・能動的に行動し、その見識によって一定の世論を形成する人々という意味がある。

関連語
・自律／他律→P30

●**大衆**↓客体的↓他律的↓受動的↓情報に左右される
↓無責任　↓マイナスイメージ
●**公衆**↓主体的↓自律的↓能動的↓世論を形成する
↓責任を負う↓プラスイメージ

例 ゲームは大衆（不特定多数の人々）の娯楽だ。

080 存在理由《そんざいりゆう》…あるものがそこにある理由・意味

関連語
・原因／結果→P24
・アイデンティティ→P64
・レゾン・デートル→P105

なぜ、自分が今この場所にいるのかを考えるのは、自分の存在理由を考えることである。生まれる前自分は無だった、死ねば再び無になると考える現代人は多い。だが、そう考えると自分の存在理由がわかりにくい。むしろ、先祖がいたから自分がいて、子孫に命を継承すると考えたほうが、自分の存在理由を見つけやすい。

自分の存在理由を考えることは、生きる意味を考えることにつながる。それは宇宙の始原へと遡《さかのぼ》る哲学的な問いでもあるし、日々の生活における現実的な問いでもある。問いの答えを探して哲学に向かう人もいれば、家族の中で役割を果たすことを生きがいにする人、あるいは社会貢献に生きる意味を見出す人もいるだろう。

例 芸術の存在理由（芸術が存在する意味）とは、人生を豊かにすることに他ならない。

081 快楽主義《かいらくしゅぎ》…快楽を目的とする立場

関連語
・禁欲主義→P53
・パラドクス→P75

快楽主義を説いたのは、ギリシャの哲学者**エピクロス**。**本当の快楽は、精神的に欲望から解放され、「アタラクシア」という平静な心境を得ること**だとした。彼の哲学を**エピクロス主義**＝**エピキュリアニズム**という。

だが、その後、快楽主義は、**禁欲《きんよく》主義**＝**ストイシズム**と対比され、ただ快楽のみを追求する立場であるかのように誤解されてしまう。このように快楽を唯一の目的とする主義を**ヘドニズム**というが、エピクロスは、ヘドニズムを否定していたのである。ちなみに、ただ現在の瞬間の快楽を追求する**刹那《せつな》主義**も、快楽主義の一種。

●**エピキュリアニズム**＝精神的快楽＝欲望からの解放
　⬅誤解された
●**ヘドニズム**＝感覚的快楽＝欲望の追求
　⬌対比
●**ストイシズム**＝禁欲主義＝欲望の抑制

「苦あれば楽あり」というが、考えてみれば、苦労と幸福、苦痛と快楽は常にセットだろう。たとえば、山登り。自分の足で苦労して登るからこそ、頂上で飲む一杯の水がおいしい。受験でも、苦労したからこそ合格の喜びがある。

だが、現代人は、不快の源となる苦労や苦痛を徹底的に排除し、不快のまったくない世界を実現すべく安楽を追求している。その結果、現代人は、本当の喜びを感じることができなくなっている。しかも、本当の喜びを味わえないため、現代人は、さらに安楽を追求し、本当の喜びに到達できないという悪循環に陥っている。まさに**「安らぎを求めることで安らぎを失う」というパラドクス**である。エピクロスなら何と言うだろうか？

例 快楽主義（快楽を目的とする立場）は、本来、苦痛を排除するのではなく、苦痛を克服する経験によって成就の喜びが得られると考える立場であった。

082 禁欲主義《きんよくしゅぎ》…欲望を抑えようとする立場

関連語
・快楽主義→P52
・合理主義→P56

本来**ストイシズム**は、古代ギリシャのストア学派の哲学という意味だが、現代では、**欲望を抑える禁欲主義**という意味で使われている。禁欲的は、**ストイック**。

歴史的には、宗教改革後のキリスト教派である**プロテスタント**が禁欲的だった。なぜなら、「プロテスタントの教義」＝「プロテスタンティズム」において労働が「神から与えられた使命」とされていたからである。プロテスタントは、労働を神聖視し、理性に人間の存在理由を求める一方、人間の欲望を汚《けが》らわしいものとした。要するに「欲望の充足に力を注ぐくらいなら、とにかく理性的に働くべきである」と考えたのである。ちなみに、近代が、理性中心の時代になった一因は、プロテスタントが禁欲主義的で、真面《まじ》目《め》すぎた点にもある。

例 禁欲主義者（欲望を抑えようとする人）には、ストイック（禁欲的）な自分への自己愛があるという。

083 還元主義《かんげんしゅぎ》…物事を要素に置き換えて理解しようとする立場

還元には「利益を消費者に還元する」「酸化した物質を還元する」など「もとに戻す」という意味がある。だが、現代文では「全体は部分に還元できる」「遺伝現象は二重螺旋《らせん》構造へと還元された」というように「要素に置き換える」という意味で出てくることが多い。

還元主義とは、**物事を要素に置き換えて理解しようとする立場**である。近代科学は、原則的に分析という方法を取り、物質を元素などの要素に置き換えるので、還元主義的といえる。**近代は、還元主義が蔓延する時代**である。たとえば、人間を身長や体重、偏差値、収入などの数字に置き換えて評価する人も、還元主義者である。

例 人間は、数字に還元できない（置き換えられない）存在であり、還元主義的に捉《とら》える（要素に置き換えて理解しようとする）べきではない。

関連語
・分析／総合→P17
・近代主義→P60

084 虚無主義《きょむしゅぎ》…既成の価値をすべて否定する立場

虚無とは、何もないこと。ラテン語で**ニヒル**。ニヒルな奴といえば、虚無的な人＝**ニヒリスト**のこと。そして**虚無主義**は、**ニヒリズム**。

人間は、普通、何かの価値を認めて生きている。たとえば、夕焼けの風景に感動する人は、美の価値を認めているし、お年寄りに席を譲って「今日はよいことをした」と思う人は、善行の価値を認めている。また、研究に没頭する人は、真理の探究に価値を見出している。

関連語
・創造→P28
・デカダンス→P99

このような価値をすべて否定するのが、虚無主義である。すべての価値を認められなくなったとき、絶望し、**デカダンス**＝**退廃**《たいはい》に陥る人もいれば、既成の秩序や権威を破壊し、新たな価値を創造しようとする人もいるだろう。後者は、社会を変革する力になる。

例 虚無主義者（既成の価値をすべて否定する人間）は、逃避か破壊に向かう。

085 実存主義《じつぞんしゅぎ》…具体的な現実から物事を考えようとする立場

関連語
・主体／客体→P14
・本質／現象→P21

実存とは、ものの具体的なありさまのこと。**実存主義**では「実存は本質に先立つ」と考え、**抽象的で目に見えない「本質」よりも、目に見える具体的な「実存」を重視する。**

たとえば、桜の木ならば、樹皮の表面、地面を這《は》う根、舞い散る花びらなど、一瞬ごとに変化する姿を、ありのままに捉《とら》えようとするのが、実存主義。

実存主義は、人間に関しても、**普遍的な本質に先立つ一人ひとりのかけがえのない具体的なあり方を見据え、そこから主体的に選び取られる生き方を思索する。**

自分の人生において、どのような選択をしても、各人の自由だが、結果に対する責任も生じる。その自由を行使する主体こそ、実存主義の考える人間の実存である。

例 実存主義（人間の具体的なあり方と主体的な生き方を考える立場）は、人間の社会参加を唱えた。

086 経験主義《けいけんしゅぎ》…何事も経験によると考える立場

たとえば、自然との共生というテーマを考えるとき、君が図書館に行って文献を調べようとしていると、君の友達が「山で生活しなければ自然のことはわからないから、とりあえず白神山地に行ってくる」と言う。この友達の立場が**経験主義**。**経験論**という言い方もする。

理論や知識が大切だと考え、それらをまず身につけようとする人もいれば、どんなことでも、まずは経験から学ぶべきだと考える人もいる。前者の立場が**合理主義**、後者の立場が**経験主義**である。経験主義者は、頭だけで考えたことを**観念論**として軽蔑《けいべつ》することが多い。

ジョン・ロックという人は、人間の心は**タブラ・ラサ**（何も書かれていない書字版）であって、すべての知識は外部から得られる、と言った。これも経験主義。

関連語

・経験／体験→P27
・合理主義→P56

例 経験主義者（何事も経験によると考える人々）には、自分の感性を絶対化する（自分の感性しか信じない）傾向がある。

087 合理主義《ごうりしゅぎ》…理性を重視し、合理的に考える立場

近代のものの見方。何でも理屈で割り切ろうとするのが特徴。

たとえば、家を建てるとき、余分な装飾や無駄な空間をなくし、コストを切り詰め、住む人が快適であるように設計する場合、**合理主義**に基づくという。

関連語

・合理／非合理→P23
・近代主義→P60
・経験主義→P56

合理主義のバリエーション

- **効率主義**＝無駄をできる限り省こうとする立場（**能率主義**）
- **功利主義**＝利益を最大限に上げようとする立場⬇「**最大多数の最大幸福**」を理想とする
- **機能主義**＝実用的な目的を持つ造形物について、無駄のない形態や構造を追求する立場⬇**機能**美を求める

例 合理主義者（合理的に考える人々）は、コストパフォーマンスを気にしがちである。

088 集団主義《しゅうだんしゅぎ》…集団と心理的に一体化し、個人よりも集団の目的や利益を優先する考え方

089 個人主義《こじんしゅぎ》…個人の自由と権利を尊重し、集団よりも個人の意義と価値を重視する考え方

関連語

・罪の文化／恥の文化→P36
・世間→P49

日本人は集団主義で西洋人は個人主義であるという。日本人は「わかり合える者同士だからこそ、言わなくてもよいことは言わないですませようとする」のに対し、西洋人は「わかり合えない者同士だからこそ、わかり合おうと努力する」のである。その結果、**日本では以心伝心《いしんでんしん》の伝統が育まれ、西洋では論理学が発達した。**ちなみに、**個人主義の場合、自分を律するのは自分だが、**集団主義の場合、**評価は周囲の他者から与えられる。**

例 日本では、集団主義的に生きる（集団と心理的に一体化しようとする）人々が、減少したようにも見えるが、西洋的な個人主義（個人の自由と権利を尊重する考え方）が定着しているわけではない。

090 進歩主義《しんぽしゅぎ》…進歩をよいことだと考える立場

近代という時代は、物質的に便利で豊かになった時代である。そのせいもあって人々は「昨日より今日、今日より明日は素晴らしいだろう」と考えるようになった。歴史を発展の過程と見なす**進歩史観**も進歩主義の一種。

生物進化論も進歩主義の推進力になった。自然界の生存競争における**自然淘汰**《とうた》、**適者生存**《てきしゃせいぞん》という原則を人間の世界に当てはめ、人間社会の原則を**優勝劣敗**《ゆうしょうれっぱい》、**弱肉強食**《じゃくにくきょうしょく》とすれば、生き残っている者は進化した存在で、社会も進化しているということになる。

だが、環境問題や先進国と開発途上国の格差、紛争《ふんそう》や戦争、核兵器などの問題を考えれば、進歩を単純によいことだと肯定するべきなのか疑問である。**物質的な成果に目を奪われ、過去を今より悪い時代と決めつけるのではなく、過去からも学ぶ姿勢が必要である。**

例 進歩主義者（進歩をよいことだと考える人々）には、過去の歴史や伝統を軽視する人が多い。

関連語
・合理主義→P56

091 資本主義《しほんしゅぎ》…資本家が資本を増やす体制

たとえば、資本家は、工場に資本を投下し、合理化によって効率的に大量生産した商品を販売し、資本を増やす。あるいは、まだ開拓されていない市場に進出して商品を販売し、資本を増やす。資本の投下先には、金融市場もある。株や通貨や不動産、石油や鉱物資源や穀物など、あらゆるものが投機《とうき》の対象になる。そこでは、より多くの資本を投

関連語
・ヒエラルキー→P102

入した者が莫大《ばくだい》な利益を上げる。それが、**資本主義**＝**キャピタリズム**である。

資本主義においては、成長が運命づけられている。なぜなら売上の減少は、敗北を意味するからだ。だから、大量生産した商品を売るために、広告によって消費者の欲望を刺激し続け、大量消費させる必要がある。でも、消費者は、商品を選んだのは自分だと思うから、買わされているとは感じない。**高度消費社会**の完成である。

例 資本主義（資本家が資本を増やす体制）は、グローバル化によって世界中に拡大した。

092 全体主義《ぜんたいしゅぎ》…集団の利益のために個人の自由が抑圧される体制

093 自由主義《じゆうしゅぎ》…経済・政治・思想における自由を大切にする体制

関連語

・ナショナリズム→P90

イタリアの**ファシズム**、ドイツの**ナチズム**、戦前の日本の国家主義などが**全体主義**といわれる。全体主義においては、おもに国家のために、個人が犠牲になる。

一方、**自由主義**＝**リベラリズム**は、自由を大切にする。**経済的には、企業に活動の自由を認め、政治的には、議会に議論の自由を認め、思想的には、個人に思想や言論、信教の自由を認めるのが、**自由主義である。

全体主義は、**これらの自由が国家のために奪われる体制**である。だから、たとえ民主主義国家であっても、個人の思想や言論が国家によって統制されるようなことがあれば、その国家は全体主義化しているといえる。

例 学問と芸術の軽視は、全体主義（国家のために個人の自由が抑圧される体制）の初期兆候である。

094 近代主義《きんだいしゅぎ》…近代化を追求する立場

関連語
・前近代／近代→P38
・人間中心主義→P61
・モダン／ポスト・モダン→P85

近代主義＝モダニズムには、次の特徴がある。

Ⅰ 人間は、進歩する生き物であり、進歩は人間本来の性質だと考える⇒**進歩主義**→P58
Ⅱ 目的を達成することは素晴らしいと考える⇒**目的至上主義**→P38
Ⅲ 人間は、神に代わる最高の存在であると考える⇒**人間中心主義**→P61
Ⅳ 理性を重視し、合理的・機能的・効率的な方法を求める⇒**合理主義**→P56
Ⅴ 個人は、たった一人のかけがえのない存在であると考える⇒**近代的自我**→P31
⇐**他人の権利を侵害しない範囲で、等しく幸福を求める権利がある。**

近代主義とは、これらの考えを正しいとし、その実現を追求した立場である。日本も、明治以降、近代主義を取り入れ、**近代化**＝**西欧化**を推進した。
しかし、現代には、近代主義を脱し、新たな思考の枠組みを構築しようとする思想的挑戦もある。そのような**脱近代主義**＝**ポスト・モダニズム**の試みを、**近代の超克《ちょうこく》**という。**超克**とは、乗り越え、打ち克つこと。
なぜ、近代主義を脱する必要があるのか。それは、進歩を目指した結果、環境が悪化したからでもあるし、目的を達成するため、人間は人間性を失うほど忙しくなったからでもある。また、人間中心に物事を考えた結果、人々は人知を超えた存在への謙虚さを失い、合理的に物事を考えた結果、非合理な存在に**畏怖《いふ》**の念を抱かなくなった。しかも、人間が幸福を追求すれば、環境破壊はさらに進行するだろう。近代主義は、限界に来ている。

現代文では、このような近代の弊害《へいがい》をどのように解決するべきかという問題がよく出る。その場合、近代と現代が対比されて論理が展開するケースが多い。

例 現代は、近代主義（近代化を追求する立場）を超克する（乗り越える）時代である。

095 人間中心主義《にんげんちゅうしんしゅぎ》…人間を神に代わる最高の存在と考える立場

関連語
・前近代／近代→P38
・近代主義→P60

古代・中世において、世界の中心は、**自然**であり**神**であった。だが、近代に入り科学技術を手に入れた人間は、人間こそ神に代わる最高の存在であると考え、人間性を何よりも尊重するようになった。だから、**人間中心主義**を**人間至上主義**ということもある。

古代・中世の人々は、自分を自然と比べて取るに足りない卑小な存在とみなし、自然と共存していた。だが、近代の人々は、科学技術によって自然を支配しようとした。**人間中心主義**には、そのような傲慢《ごうまん》さがある。

英語で、**人間中心主義**を、**ヒューマニズム**というが、ヒューマニズムには、**人類愛**によって**人類全体の幸福**を目指す**人道主義**や**博愛主義**という意味もある。

例 現代人は、人間中心主義を脱し（人間を神に代わる最高の存在とする傲慢な態度を改めて）、自然に対する謙虚さを取り戻すべきである。

096 利己主義《りこしゅぎ》…自分の利益を追求する考え方

097 利他主義《りたしゅぎ》…他者の幸福を追求する考え方

関連語
・自我↓P31
・個人主義↓P57

人間は、自分の利益を優先する。だから、誰もが**利己主義**＝**エゴイズム**に染まる**利己主義者**＝**エゴイスト**といえる。ちなみに、個人主義と利己主義は、本来違う意味だが、個人主義を利己主義の意味で使う人もいる。似た言葉に、**自己中心主義**＝**ミーイズム**がある。これは、自分以外のことには興味がないという考え方。

一方、**自分のことよりも、まず他者の状況を想像し、他者の気持ちを思いやり、他者の幸福を実現するために行動する人**がいる。その考え方を**利他主義**という。

例 利己主義者（自分の利益を追求する人）にとって、他人の幸福は自分の不幸、他人の不幸は自分の幸福であるが、利他主義者（他者の幸福を追求する人）にとって、他人の不幸は自分の不幸、他人の幸福は自分の幸福になる。

098 自文化中心主義《じぶんかちゅうしんしゅぎ》…自分たちの民族の文化の優越性を主張する立場

099 文化相対主義《ぶんかそうたいしゅぎ》…文化に優劣はなく、文化は対等であると考える立場

100 多文化主義《たぶんかしゅぎ》…複数の文化の共存を積極的に認めようとする立場

関連語
・タブー↓P68
・文明／野蛮↓P158

自分たちの民族の文化は優れていて、他の民族の文化は劣っていると考えるのが、**自文化中心主義**＝**エスノセントリズム**。**自民族中心主義**ともいう。

たとえば、西欧が、近代化を成し遂げた自分たちの文化とアジアやアフリカなど非西欧の文化を比べ、自文化の優越性を主張したのは、自文化中心主義の一例である。また、中国が世界の中心であり、中国の思想や文化は他の思想や文化より優れているという漢民族の考え、いわゆる**中華思想**も、自文化中心主義に他ならない。

それに対し、**すべての文化に優劣はない、すべての文化は対等な価値を持つ**と考えるのが、**文化相対主義**。

たとえば、西欧文化を中心と考えた場合、音楽ならば、クラシックが頂点に位置する音楽で、アジアやアフリカの民族音楽は、それより下位の音楽という評価になるけれど、文化相対主義によれば、それらに優劣はない。西欧の音楽も東洋の音楽もアフリカの音楽も、対等な価値を持つ文化になる。また、世界には、さまざまな肉や魚、昆虫などを食べる食文化がある一方、宗教や文化による食の**タブー**＝**禁忌《きんき》**もあるけれど、文化相対主義によれば、それらの食文化や禁忌は、すべて尊重されるべき対等な文化になる。

そして、移民を受け入れている多民族国家において、文化相対主義の視点から、**多元的に存在する複数の文化を対等な文化として積極的に認め、差別感情による対立を乗り越えることによって多文化共生を実現しようとする**のが、**多文化主義**＝**マルチカルチュラリズム**である。

例 外国人定住者が増加する日本において必要なのは、文化相対主義（文化に優劣はないという考え）によって自文化中心主義（自文化は優れているという考え）を脱し、多文化主義（複数の文化の共存を積極的に認める考え）による多文化共生を実現することである。

101 アイデンティティ…自分が自分であることを示す性質

自己同一性、または**自己存在証明**と訳される。

関連語
・集団主義／個人主義→P57
・疎外→P130

●**個人主義**的なアイデンティティ＝自分が他者とは違うかけがえのない存在であることを示す性質
↓**他者との差異性**を求める
●**集団主義**的なアイデンティティ＝集団と一体化することによって得られるような自分自身の性質
↓**集団との同一性**を求める

他者との区別が失われる、あるいは集団から疎外されるとき、人はアイデンティティを喪失する。その結果、**自分が何者かわからなくなること**を、**アイデンティティ・クライシス**＝**アイデンティティの危機**という。

例 「自分探し」とは、アイデンティティ（自分のかけがえのなさ）を見つける旅である。

102 イデオロギー…特定の政治的・社会的思想

観念形態と訳されるが、**ある種の政治的・社会的なものの考え方、思想傾向**をイデオロギーという。「主義」と置き換えても意味は通じる。

関連語
・虚構→P33
・観念→P40

頭の中に存在する特定の観念や思想が、人間を支配し、紛争や抗争、戦争の原因になることがあるため、イデオロギーという言葉には、マイナスイメージもある。

たとえば、二十世紀の戦争の一因は、資本主義・自由主義と共産主義・社会主義というイデオロギーの対立であった。イデオロギーは、人間の頭の中でつくり出した虚構の観念にすぎないのに、その対立の結果、紛争や戦争が起き、生身の人間が血を流して死ぬ。それは、イデオロギーの対立が引き起こした悲劇に他ならない。

例 世界各地の紛争の背景にあるイデオロギー（政治的・社会的思想）を明らかにする必要がある。

103 メタファー…隠喩表現／隠喩におけるたとえ

関連語
・直喩／隠喩→P47
・類推→P144
・シンボル→P71

メタファーには、「隠喩表現」と「隠喩表現におけるたとえ」という二つの意味がある。

たとえば「人生は旅である」は、人生を旅にたとえる「隠喩表現」＝メタファーであるが、それと同時に、「旅」が人生の「たとえ」＝メタファーになっている。また「時は金なり」も、時間を金銭にたとえる「隠喩表現」＝メタファーであるが、それと同時に、「金銭」が時間の「たとえ」＝メタファーになっている。

ちなみに、**人がメタファーを理解できるのは、「たとえられること」と「たとえ」の類似性や共通性に気づき、「たとえ」から「たとえられること」を推測するからである。**

このような**類推**をアナロジーという。

例 ゴジラは、原子力のメタファー（たとえ）である。

104 カタルシス…感情が解放され、気持ちがすっきりすること

人は、自分が泣くとわかっていて、泣ける映画を観たり小説を読んだりする。なぜなら、そこにカタルシスがあるからだ。観客や読者は、登場人物に感情移入し、自分も悲しい気持ちになって泣く。**心の奥底に鬱積《うっせき》していた泣きたい気持ちを、思いっきり泣くことによって解放し、気持ちがすっきりとする**のである。このような**精神の浄化作用**を**カタルシス**という。

また、人は映画を観て、自分ならば絶対に口にしない台詞《せりふ》を語ったり、自分には不可能な行動を実行したりする主人公に自己を一体化することがある。そのように自分では直接行動せず、**疑似体験によって精神的な高揚《こうよう》感を味わい、欲求を満たすこと**を、**代償《だいしょう》行為**という。

例 悲劇は観衆にカタルシスをもたらした（悲劇を見ることによって観衆は泣きたい感情を解放し、すっきりとした気持ちになった）。

関連語
・感情移入→P16

105 ノスタルジー…失われたものを懐かしく思う気持ち

兎《うさぎ》を追いかけた山、小鮒《こぶな》を釣った川、そんな風景は失われてしまったのだろうか。**故郷を懐かしがる感情**、つまり**郷愁《きょうしゅう》**が**ノスタルジー**（ノスタルジア）である。

失ったのは、故郷という空間ばかりではない。過去という時間も二度と戻らない、それは、振り返れば懐かしさを伴う思い出となっている。

関連語
・センチメンタリズム→P86
・原体験→P149

懐かしさを感じる時代や場所、物事は、人によって異なるだろう。だが、過去を懐かしく思い出し、感傷的になるのは、人間に共通する感情である。

不思議なのは、自分の過去でもないのに、懐かしさを感じる場合があることだ。たとえば、古いイタリアの白黒映画。劣化し、傷《いた》んだフィルムの映像は、故郷の風景でも、過去の記憶でもないのに、なぜか懐かしい。

例 劣化しないデジタル映像には、ノスタルジー（懐かしさ）を感じにくい。

106 コモン・センス…常識／共通感覚

関連語
・直感→P16

コモン・センスには、二つの意味がある。一つは「**常識**」。共同体の一員として、秩序《ちつじょ》を守りつつ生活をするために、当たり前のこととして知っているべきこと。たとえば、食事の前後に「いただきます」「ごちそうさま」と挨拶するのは、「**常識**」＝**コモン・センス**。

現代文では、もう一つの「**共通感覚**」という意味で出てくることもある。コモン・センスという言葉を直訳すると、common（共通の）sense（感覚）＝「共通感覚」になる。

人間には、五感、すなわち視覚・聴覚・嗅覚・味覚・触覚があるが、**五感を個別にではなく、総合的に働かせるような感覚**を「**共通感覚**」＝**コモン・センス**という。

例 五感を統合し、コモン・センス（共通感覚）を駆使することによって第六感といわれる直感力を発揮できるようになる。

107 タブー…してはいけない行為

見たり、触れたり、言葉に出したりしてはならないなど、厳しく禁止されている特定の行為。**禁忌**《きんき》と訳される。タブーを犯した場合、災害が起きるなど、超自然的な力によって制裁を受けると考えられている。

もともと**タブー**とは、ポリネシア語に由来する概念であったが、その後、世界中に存在する、法的に禁止されているわけではないが、共同体内部において慣習的に禁じられている行為をタブーというようになった。

タブーの**根源には、超自然的存在や秩序の枠組みに収まらず、人々の手に負えない存在への畏怖の念がある**。そのため、秩序の中心や秩序の周縁の存在が、神聖、あるいは不浄と見なされ、タブー視されることが多い。

例 神聖な領域に人間が踏み込むことは、村人の間ではタブー（してはいけない行為）とされていた。

関連語
・聖／俗→P32
・超自然→P45
・畏怖→P110

108 グローバリゼーション…世界が一つになっていくこと

インターナショナル（国際）という言葉は、inter（間）とnation（国家）から成り、国家を前提とするが、**グローバリゼーション**（**グローバル化**）という言葉には、国家の枠組み＝国境を超越して世界が一つになっていくという意味がある。その結果、人類が**世界市民意識**を持つようになれば、世界は平和に近づくだろう。だが、現実には、アメリカに本拠地を置く多国籍企業（グローバル企業）が、情報技術や資源、穀物を独占している。だから、グローバリ

関連語
・ナショナリズム→P90
・ファンダメンタリズム→P89

ゼーションは、世界のアメリカ化にすぎないという批判も多く、世界中で**国家主義**や**原理主義**が台頭《たいとう》する一因にもなっている。

例 世界中に存在するファストフードやコーヒーのチェーン店は、グローバリゼーション（世界が一つになっていくこと）の象徴である。

109 アンビバレンス…相反する二つの感情が同時に存在する状態

関連語
・矛盾→P46
・ディレンマ→P99
・葛藤→P140

形容詞は、**アンビバレント**。たとえば「好きだけれど嫌い」というのはアンビバレントな感情。それが極端になると愛と憎しみが同居し、「愛憎《あいぞう》相半《あいなか》ばする」という状態になる。このように、相反する二つの感情が同時に存在する状態を**アンビバレンス**という。

現代文の場合、**小説の問題でアンビバレンスは頻出**。登場人物が、相反する二つの感情のはざまで思い悩み、葛藤《かっとう》する場面は、出題者としても、おそらく問題にしたいところだろう。

合格した大学が第二志望だと、受験生は「嬉《うれ》しいけれど悲しい」というアンビバレンスに陥ることになる。第一志望合格を目指そう。

例 ダイエットをしている人は「食べたくないけれど食べたい」というアンビバレンス（同時に存在する二つの感情）に悩む。

110 ペルソナ…仮面／表面的な人格

関連語
・アイデンティティ→P64

ラテン語のペルソナ（persona）は、英語のパースン（person）やパーソナリティ（personality）の語源。つまり、仮面が人物や人格の語源である。たとえば、君が、友達の前の自分、両親の前の自分、先生の前の自分というように、場面に応じて別な自分が存在するように感じることがあったとしたら、君はペルソナを使い分けている可能性が高い。

ペルソナ＝仮面を、**その時々の状況に合わせて人々が果たす役割**と考えることもできる。人間は、他者との関係性の中でしか生きられない存在であり、たとえば、彼女の前では男らしく、彼氏の前では女らしく、親の前では子どもらしく、先生の前では学生らしくというように、他者の視線を感じつつ、自分に期待される役割を演じ生きている。

例 彼女は、優等生のペルソナをかぶっている（優等生を演じている）。

111 シンボル…象徴《しょうちょう》

関連語
・抽象／具体→P11
・可視／不可視→P26
・隠喩→P47
・メタファー→P65

鳩は平和の象徴、バラは愛の象徴、月桂樹《げっけいじゅ》は栄光の象徴、白は純潔の象徴、ペンは学問の象徴というように、**抽象的な概念や観念を思い浮かべるとき、手がかりとなる具体的な事物**を シンボル ＝ 象徴 という。

●学問＝抽象的概念＝姿・形がない＝不可視

⬅ 象徴化　⬅ 可視化

●ペン＝具体的事物＝姿・形がある＝可視⬆象徴！

隠喩 ＝ メタファー において「たとえられるもの」と「たとえ」には共通性や類似性が存在する。シンボルにおいても、象徴される抽象的な概念と象徴する具体的な事物に類似性が存在するが、**その類似性は一定の文化内の人間にしか理解されず、共有されていない**。だから、たとえば、ふくろうが知恵の象徴になったり、嘲笑《ちょうしょう》の的になったり、孤独や絶望を表現したりというように、**同じ事物でも何を象徴するかは、文化によって異なる。**

象徴の「象」は「かたち」、「徴」は「しるし」と読む。「象」を含むキーワードをまとめておく。

●**表象**《ひょうしょう》＝「おもて」に現れた「かたち」
⬇意識に現れた姿や形・象徴

●**心象**《しんしょう》＝「こころ」に浮かんだ「かたち」
⬇心に浮かんだ姿や形

●**仮象**《かしょう》＝「かり」の「かたち」
⬇客観的実在性を欠いた主観的表象

●**形象**《けいしょう》＝「かたち」と「かたち」
⬇意識に現れた事物の姿や形

例 野うさぎは、豊穣《ほうじょう》な生命力のシンボル（象徴）である。

112 トリックスター…非日常と日常を行き来し、日常を活性化する存在

日常において人々は、常識を守らねばならない秩序の世界に生きている。だが、そのように秩序を守って、ただ真面目《まじめ》に生きているのも、息が詰まる。そんなある日、風変わりな旅人がやってくる。何ものにもとらわれない自由な生き方をしている旅人は、秩序を乱し、町の人々を混乱させるが、旅人が去った後、秩序を取り戻した町の人々は、心のどこかで、「彼のような自由な生き方もあるのだなあ」と思ってみたりする。

たとえば、この風変わりな旅人が、**トリックスター**。道化《どうけ》とも訳される。

例 サーカスは一種の非日常的な祝祭であり、ピエロはトリックスター（非日常と日常を行き来し、日常を活性化する存在）である。

関連語
・日常／非日常→P32
・カオス／コスモス→P80

113 レトリック…言葉を工夫すること

修辞、修辞法、あるいは修辞学と訳される。**相手に自分の思いや考えを伝えるときに、どのように伝えるか、工夫を凝らして表現する方法**がレトリック。

直喩や隠喩などの**比喩**、「森が泣いている」というような**擬人法**、「私は必要としている。君の愛を」というような**倒置法**、「鳥が鳴き、花が咲く」というような**対句**《ついく》、これらはすべてレトリックといえる。

レトリックという言葉は、前後の文脈によってプラスイ

関連語
・直喩／隠喩→P47
・メタファー→P65

メージになったり、マイナスイメージになったりする。既成の表現手段に頼らず、積極的に独自の工夫を凝らして表現する方法と考えれば、レトリックはプラスイメージになり、内容のなさを、言葉を巧みに操ることでごまかす方法と考えれば、マイナスイメージになる。

例 優《すぐ》れた広告のコピーには、レトリック（言葉の工夫）がある。

114 パトス…感情の受動的な状態

関連語
・受苦→P43
・ロゴス→P74
・エートス→P95

ギリシャ語で「情念」「情熱」「激情」「受苦」「受難」などと訳される。

パトスには「一時的な感情」という意味があり、持続的な習慣・性格・習性を意味する**エートス**や、言葉・理性・論理を意味する**ロゴス**と対比される。

人間は皆、身体を持った存在である以上、外界に対して身をさらさなければならないし、人生を生きる以上、人間関係において**情念**にとらわれたり、痛みや苦しみを覚えたりすることもある。医学の発達によって人々は、病気を克服し、死を遠ざけることができると考えたかもしれないが、死を免れる人などいない。つまり、誰もが例外なく、**困難を伴う受動的で受苦的な状況**に置かれている。その状態をパトスという。

例 パトス（受苦）を経験した者だけが、他者の苦しみを理解する。

115 ロゴス…言葉／概念／思考／論理／理性／理論

言葉に関連する多様な意味を持つギリシャ語。**ロジック**＝**論理**の語源。普通、**言葉を使用した理性的な思考**という意味で使われる。対義語は**パトス**。

ちなみに、経験によらず、純粋な論理的思考によって真理に到達しようとすることを**思弁**という。

関連語
・合理主義→P56
・パトス→P73

例 キーワードを身につけることは、ロゴス（言葉を使用した理性的な思考）の構築につながる。

116 パラダイム…ものの見方や考え方の枠組み

科学は、観察や実験の積み重ねによって連続的に真実に近づいていく営みであると一般的に考えられていた。それに対し、**トマス・クーン**は、科学の歴史を根本的概念さえ変わる非連続的な出来事と考え、時代ごとに支配的な「もののの見方や考え方の枠組み」を**パラダイム**、その変化を**科学革命**＝**パラダイム・シフト**と呼んだ。

たとえば、プトレマイオスの天動説は、古代・中世における支配的なパラダイムだったが、天動説で説明できない事実が次々に発見されると、コペルニクスの地動説が、科学者の支持を集め、新しいパラダイムになった。

今は「ものの見方や考え方の枠組み」が変わることを、一般的に**パラダイム・シフト**（転換）という。

関連語
・進歩主義→P58

例 パラダイム（ものの見方や考え方の枠組み）は、必ず転換する。

117 パラドクス…一見すると矛盾するが、よく考えれば正しいともいえる文章

関連語
・絶対／相対→P10
・逆説→P42
・矛盾→P46

たとえば「僕は嘘しかつかない。本当のことは何一つ言わないんだ」という台詞《せりふ》について考えてみよう。

僕が真実を述べていると考えた場合、「嘘しかつかない」という言葉と矛盾する。反対に、僕が嘘を述べていると考えた場合、「嘘しかつかない」のが嘘になり、僕は真実を述べる人間になるため、やはり矛盾が生じる。

だが、この矛盾は、僕という人物を、時々嘘をつくが、たまには本当のことを言う一般的な人物と仮定し、その僕が嘘をついていると考えれば、解決する。

このようなパラドクスを「**嘘つきのパラドクス**」あるいは「**自己言及のパラドクス**」という。

また「絶対的に正しい主張など存在しない」という相対主義の主張も、それを正しいとするならば、相対主義自体「絶対的に正しいとはいえない」と言わざるを得なくなるという矛盾を抱えてしまう。だが、どのような主張にも、長所と短所があると考えれば、この矛盾も解決へと向かう。

そして「すべてのクレタ人は嘘つきである」と、あるクレタ人が言ったという「**クレタ人のパラドクス**」も有名。

あるクレタ人が真実を述べていると考えると、「すべてのクレタ人は嘘つき」という言葉と矛盾する。逆に、あるクレタ人が嘘を述べていると考えると、クレタ人に嘘つきはいないことになり、やはり矛盾してしまう。だが、クレタ人には正直者も嘘つきもいるのが真実なのに、「すべてのクレタ人は嘘つきである」と、嘘つきのクレタ人が嘘をついたと考えれば、矛盾は解消する。

このように、**一見すると矛盾するように思えるが、よく考えれば正しいともいえる文章**を[パラドクス]（パラドックス）＝[逆説]という。

例 日本は、安全管理が危機管理の妨げになるというパラドクス（安全管理を徹底して、危険を日常から排除した結果、現実の危機に直面したとき、危機に対応できなくなるという逆説）に陥っている。

118 カテゴリー…枠組み

範疇《はんちゅう》と訳されるが、現代文で見かけたら「枠組み」と置き換えれば大丈夫。人間は、あれこれと分類することが大好きである。そのように分類された集合の範囲を**カテゴリー**という。

例 何のために生きるのかという問題は、科学ではなく哲学のカテゴリー（枠組み）に属する。

関連語
・分節化→P40

119 メディア・リテラシー…情報を主体的・批判的に読み解き、メディアを活用する能力

メディアからの情報を鵜呑《うの》みにせず、情報の真偽や意図を自分の頭で判断する能力に加え、メディアの特性を理解し、メディアを使いこなす能力を**メディア・リテラシー**という。

例 情報操作されないためには、メディア・リテラシー（情報を読み解く能力）を高める必要がある。

関連語
・媒体→P45

120 モラル…道徳

善悪の基準がモラル。何が正しくて、何が間違っているか。何をすべきで、何をすべきでないか。判断基準は、個人の心の中に内面化されている。その**内面化された判断基準**が**モラル**であり、**しっかりとした判断基準を持っている人**が**モラリスト**である。ちなみに、道徳に背くことを**背徳**、立派で美しい道徳を**美徳**という。

だが、いつの時代にもモラルの欠如した人はいる。たとえば、粉飾決算をしたり、偽装工作をしたりする企業経営者には、モラルのかけらもない。また、統計データを書き換えたり、公文書の**改竄**《かいざん》を指示したりするなど、官僚のモラルも地に落ちている。このような道徳心の欠如による危機的な状況のことを、日本では、**モラル・ハザード**（倫理の欠如）という。

関連語

・利己主義／利他主義→P62
・コモン・センス→P67

例 身体がなく、他者の痛みを理解できない人工知能が、モラル（道徳）を身につけるのは困難である。

121 ミクロ…微視的／微小な
122 マクロ…巨視的／巨大な

ミクロな視点は、細かい部分まで見る視点。部分的、局所的な視点ともいえる。一方、**マクロな視点は、大きく見る視点**。全体的・全域的な視点ともいえる。

●ミクロ➡微視的➡部分的➡局所的➡ミクロコスモス
●マクロ➡巨視的➡全体的➡全域的➡マクロコスモス

たとえば、ミクロ経済学は、消費者の行動や企業の活動に目を向けるが、マクロ経済学は、経済成長率や景気動向など、大きな視点から経済を把握しようとする。

ちなみに、**マクロコスモス**とは、巨大な宇宙のこと。それに対して、宇宙と照応する存在としての人間、あるいは微生物の世界を**ミクロコスモス**という。

関連語
・分析／総合↓P17
・鳥瞰（俯瞰）↓P132

例
問題を解決するためには、ミクロな（細かく部分的に見る）視点だけでなく、マクロな（全体的に大きく見る）視点も必要だ。

123 エロス……生への本能
124 タナトス…死への衝動

エロスとは、一般的には愛のこと。愛は、人を突き動かす原動力である。その**エロス**を**フロイト**は「生への本能」と考え、エロスと対立する「死への衝動」を**タナトス**と呼んだ。エロスは、もともとギリシャ神話に登場する愛の神、

関連語
・意識／無意識↓P15
・情動↓P44

タナトスは死の神だ。

何かを生み出すには、何かを壊さなければならない。森の木々の根元には、無数の昆虫や動物の死骸が枯葉と土に包まれているだろう。それらが森を生かす。破壊と再生は同時に進行し、そこに死と生がある。

メメント・モリという言葉がある。ラテン語で「死を想え」という意味だが、エロスとタナトスが切り離せないならば、死を想うことは、生への想いにつながる。

例 エロス（生への本能）とタナトス（死への衝動）は表裏一体である。

125 ア・プリオリ…経験によらない

126 ア・ポステリオリ…経験による

ア・プリオリの訳は、**先天的・先験的・生得的**。人間は、経験からさまざまな物事を学ぶ存在だが、経験とは無関係に、生まれながら心の中に備わっていると考えられている認識を、ア・プリオリな認識という。そのような認識が実際にあるかどうかはともかく、ア・プリオリという言葉が出てきたら、**先天的で経験によらない**という意味で使われていると考えてよい。

ア・ポステリオリの訳は、**後天的**。個々の事実を観察し、共通性から一般的な法則を導き出す**帰納法**は、ア・ポステリオリ＝**経験による後天的な**方法である。

例 経験主義は、ア・ポステリオリな（経験に基づく）推論によって真理を求める考え方だが、生命としての人間が死を迎えるというのは、ア・プリオリな（経験しなくても、誰もが了解している）事実である。

関連語
- 演繹／帰納→P13
- 経験／体験→P27
- 経験主義→P56

127 リアリティ…現実／現実性
128 バーチャル・リアリティ…仮想現実／疑似（擬似）現実

コンピュータ・グラフィックスの発達によって、現実に似ている仮想空間をつくることができるようになった。それが、バーチャル・リアリティ（VR）だ。

人がつくり出したという意味で、**バーチャル・リアリティも、**虚構＝フィクションの一種である。たとえば、パイロットの訓練でシミュレーション（模擬行動）に使われるシミュレーター（模擬装置）は、離陸・着陸時の横風や雨、雷までリアルに再現しているという。

一方、リアリティは、五感で捉《とら》える世界。バーチャルな世界は、視聴覚中心だが、**リアルな世界は、視覚・聴覚・嗅覚・味覚・触覚、すべてを働かせる世界だ。**

例 バーチャル・リアリティ（仮想現実）の技術が発展し、バーチャルな（仮想の）世界にリアリティ（現実性）を感じる人が増えている。

関連語

・現実／虚構→P33
・経験／体験→P27
・共通感覚→P67

129 カオス……無秩序／混沌《こんとん》（渾沌）
130 コスモス…秩序

カオスとは、人間が言葉で捉《とら》える以前の世界。そこには何一つ同じものがなく、一瞬ごとに世界は移り変わり、同じ現象は二度と起きない。名づけられることも言葉で分けられることもない、境界の存在しない世界。人間の手に負

関連語

・分節化→P40

えない、ありのままの世界をカオスという。

そのカオスを、**人間は言葉で捉え、コスモスに転換した。**言葉で世界を**分節化**し、わからないものをわかるようにし、**手に負えない無秩序な世界**＝カオスを**手に負える秩序ある世界**＝コスモスに変えたのである。

ちなみに、コスモスは、宇宙とも訳されるが、宇宙は、分解すると、**宇（空間）＋宙（時間）**になる。つまり、人間の把握している空間と時間が宇宙＝コスモスであり、その外側がカオスになる。

例 カオス（無秩序）のエネルギーが、コスモス（秩序ある世界）を活性化する。

131 オプティミズム…楽観主義
132 ペシミズム…悲観主義

関連語
・厭世→P112

物事をすべてよい方向に考え、人生を楽しく生きようとする立場が、オプティミズム。**楽観主義・楽天主義**と訳す。**オプティミスト**といえば、**楽観主義者・楽天家**のこと。楽観的・楽天的は**オプティミスティック**。

それに対して、**この世を苦しみと悪に満ちた悲しむべき世界と捉《とら》え、希望を持たず、物事を悪い方向へと考える立場**がペシミズム。**悲観主義・厭世《えんせい》主義**と訳す。**厭世観**も同じ意味。**ペシミスト**といえば、**悲観主義者・厭世家**。悲観的・厭世的は、**ペシミスティック**。

例 受験生は、オプティミスティック（まあ大丈夫だろうという気分）になってもいけないが、かといって、ペシミスティック（自分なんか絶対に合格しないという気分）になってもいけない。

133 マジョリティ…多数派
134 マイノリティ…少数派

正常と異常という概念との関係で、マジョリティ＝多数派とマイノリティ＝少数派について考えてみよう。

実は、**何が正常で何が異常かという区別において絶対的な基準はない**。たとえば、誰もが地動説を信じている今の時代に天動説を主張する者がいたら、その者は異常とみなされるだろう。だが、天動説を誰もが信じていた時代に地動説を唱えた者は、人々から異常とみなされたのである。

つまり、**正常と異常は、多数派に属するか少数派に属するかによって相対的に決定する。**

ちなみに、**サイレント・マジョリティ**とは、自分の意見を積極的に発言することのない一般大衆のこと。

関連語
- 絶対／相対→P10
- 正統／異端→P157
- 正常／異常→P159
- 大衆→P50

例 マジョリティ（多数派）は、マイノリティ（少数派）に配慮するべきである。

135 デジタル…連続した量を非連続的な数値に置き換えて表現する方法
136 アナログ…連続した量を他の連続的な量に置き換えて表現する方法

関連語
- 理性／感性→P16
- 一義／多義→P18
- 有機的／無機的→P34

時間を数字の並びで示すのがデジタル時計、長針と短針の動きで示すのがアナログ時計。デジタルの場合、瞬時に今の時刻がわかるが、わかるのは現在時刻だけである。あと何分、もう何分という時間の幅に関しては、計算しないとわからない。アナログの場合、全体を眺めれば、針の角度から現在の時刻を判断できるし、あと何分、もう何分という時間の幅も感覚的に把握できる。

また、デジタル時計の場合、十時と十時一分の間の表示はない。断続的・非連続的である。だが、アナログ時計の場合、針がゆっくりと連続的に動いて時間の経過を表現している。だから、**デジタルは非生命的で無機的**、**アナログは生命的で有機的**という見方もできる。

デジタルは冷たく非人間的だが、アナログは温かく人間的だという印象も、そこから生じているのだろう。

ちなみに、アナログ時計が最も美しく見えるのは、十時十分前後だという。デジタル時計は、現在時刻だけ教示する点において**一義的**であるが、アナログ時計は、時間の幅や美しさも表現する点において**多義的**である。

- **デジタル** ↓部分的↓分析↓明断↓理性的↓非連続的↓非生命的↓無機的↓非人間的↓一義的
- **アナログ** ↓全体的↓総合↓曖昧↓感覚的↓連続的↓生命的↓有機的↓人間的↓多義的

デジタルデータは劣化しない。たとえば、フィルムの場合、経年劣化によって映像は色あせてしまうが、デジタルデータならば、映像を鮮明なまま保存できる。だが、物理的に劣化してセピア色になったフィルムの写真に、人はなぜか懐かしさを覚える。

例 音楽は、デジタル配信（数値に置き換えられたデータの配信）が主流だが、アナログレコード（音声を物理的に記録した円盤）の人気も再燃している。

137 テーゼ…ある考え
138 アンチテーゼ…ある考えと対立する、もう一つの考え

関連語
・合理／非合理→P23
・合理主義→P56

テーゼ ＝ 正・定立《ていりつ》・措定《そてい》、アンチテーゼ ＝ 反・反定立・反措定 と訳される。

A君とB君が議論するとき、**A君の考えをテーゼ（正）とすると、対立するB君の考えはアンチテーゼ（反）になる。**そして、二人で議論した結果、よりよい結論が出た場合、その結論を**ジンテーゼ（合・総合）**という。**ヘーゲル**の**弁証法**の用語。

ちなみに、このような議論において、矛盾や対立が統一され、より高い次元の結論へと向かうことを、ドイツ語で**アウフヘーベン**という。アウフヘーベンは、**止揚**《しよう》、あるいは**揚棄**《ようき》と訳される。

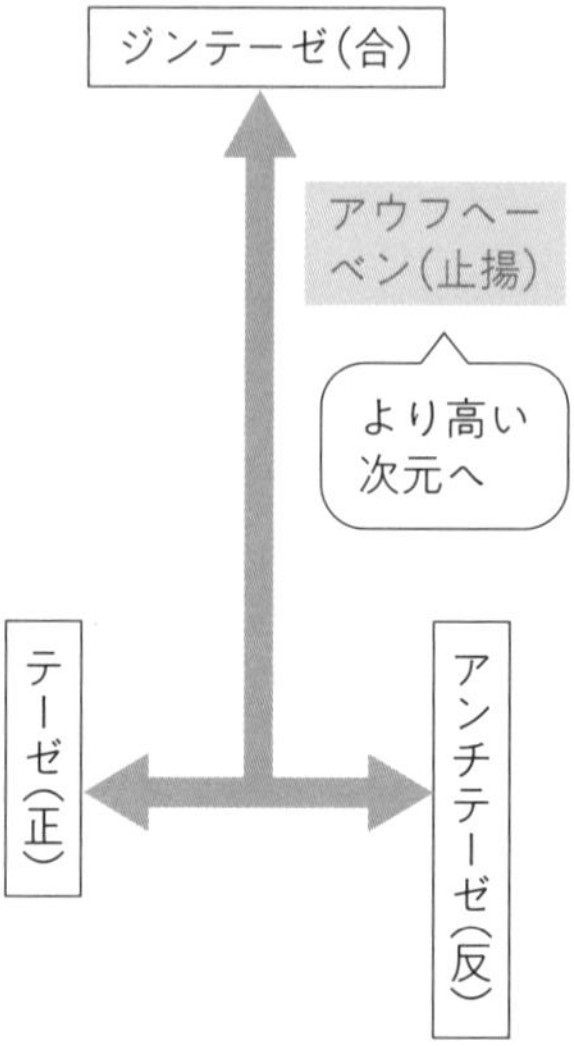

例 近代的なものの見方を一つのテーゼ（ある考え）とし、そのテーゼ（考え）を相対化するためには、アンチテーゼ（ある考えと対立する、もう一つの考え）として前近代的なものの見方を知る必要がある。

139 モダン…近代
140 ポスト・モダン…脱近代

ポストは「～の次の」「～の後の」という意味。だから、ポスト・モダンは「近代の次の時代」という意味になる。

ポスト・モダンの時代に移行することを、**近代の問題点を克服し、新しい時代を創造するという意味を込めて「近代の超克《ちょうこく》」**という。ちなみに、**近代**と対比されている場合、**現代**は、ポスト・モダンの時代になる。

近代は、進歩と発展の時代であったが、失ったものも大きい。だからといって、近代文明を捨て去ることは非現実的だし、自然に回帰するのも無理だろう。

そこで、近代という時代の問題を克服する二つの方法が考えられる。一つは、このまま進歩を続けて問題を解決する方法。もう一つは、近代において否定されていた価値観や事物を、もう一度見直す方法である。

いずれにせよ、まだ答えは出ていない。

例 ポスト・モダン（脱近代）の考えは、合理主義的なモダニズム建築（近代建築）への反発から生まれた。

関連語

＊左の一覧を参照

●モダン＝近代のキーワード

- 抽象→P11
- 理性→P16
- 一元→P19
- 普遍→P12
- 分析→P17
- 合理主義→P56
- 一義→P18
- デジタル→P82
- 演繹→P13
- 画一性→P18

●ポスト・モダン＝脱近代のキーワード

- 具体→P11
- 感性→P16
- 多元→P19
- 特殊→P12
- 総合→P17
- 経験主義→P56
- 多義→P18
- アナログ→P82
- 帰納→P13
- 多様性→P18

141 ロマンティシズム…浪漫主義

芸術というと、特殊な才能を持つ芸術家が個性を発揮し、感性豊かに自分の世界を表現するというイメージがあるけれど、それはロマンティシズムの芸術家。

日本では明治期に、**浪漫主義文学**が展開した。また、夢見がちで空想好きという意味もある。

関連語
・リアリズム→P91
・耽美《たんび》→P132

例 ロマンティシズムを浪漫主義という漢字に置き換えたのは夏目漱石だといわれている。

142 センチメンタリズム…感傷主義

センチメンタルは**感傷的**。では、**感傷**とは何か。

たとえば、美しいピアノの旋律を聴いてふと涙が出たり、窓の外の一枚の枯葉を見て切《せつ》なくなったりするとき、心は震えているだろう。そのように心が揺れ動きやすい状態を**感傷**という。そして、感傷に耽《ふけ》りやすい心理的傾向や態度が感傷主義＝センチメンタリズム。

関連語
・感情移入→P16

例 卒業写真を見返して泣くなんて、センチメンタリズム（感傷に耽りやすい心理的傾向）にも程《ほど》がある。

143 フェティシズム…呪物崇拝／物神崇拝

本来、未開社会において「物」を呪術的効果のあるもの、神の宿るものとして信仰したこと。それが転じ、たとえば、異性の身体の一部や衣服、装身具などに異常な執着《しゅうちゃく》を示す一種の性的倒錯《とうさく》を指すようになった。現在では、「物」

関連語
・倒錯→P133
・アニミズム→P88

への偏った愛にも使う。

ちなみに、**マルクス**は、資本主義社会において商品や貨幣、資本に経済が支配され、人々が動かされている状態を**物神崇拝**という言葉を用いて説明した。

例 彼のコレクションは、フェティシズム（「物」への偏った愛情）による蒐集《しゅうしゅう》の結果である。

144 ナルシシズム…自己愛

ギリシャ神話で、水に映る自分の姿に恋をし、死んで水仙になったという美少年ナルキッソスが語源。**自己愛**の持ち主は**ナルシスト**。他者への愛について「自分は他者を愛している自分を愛しているのではないか」などと考え始めると、**ナルシシズム**からの脱却は難しいかもしれない。

関連語
・自己中心主義→P62
・ミーイズム→P62

例 ナルシシズム（自己愛）の特徴は、自己陶酔と自惚《うぬぼ》れである。

145 マンネリズム…型にはまった同じことの繰り返し

略して**マンネリ**ともいう。君の友人が、お決まりのギャグで周囲を笑わせている。でも、ある日、誰も笑わなくなる。マンネリズムに陥《おちい》ったからだ。最初はよいかもしれないけれど、同じことが繰り返されると、新鮮さがなくなってしまう。それが**マンネリズム**。

関連語
・創造／模倣→P28
・ステレオタイプ→P98

例 ワンパターンの映画も、シリーズを重ね続けると、偉大なるマンネリズム（型にはまった同じことの繰り返し）と称されるようになる。

146 アニミズム…精霊崇拝

自然界のすべてに、霊魂や精霊など霊的存在が宿るという信仰。ラテン語の**アニマ**（生命、魂）が語源。風が吹くのも、雨が降るのも、草木が揺れるのも、霊的存在の意志によると考えた。原始宗教に見られるが、今も世界中に残っている。アニメーションの語源もアニマである。

例 日本における八百万《やおよろず》の神への信仰も、アニミズム（精霊崇拝）の一種だと考えられる。

関連語 ・多神教→P19 ・フェティシズム→P86

147 フェミニズム…女性解放思想

男は仕事、女は家事という性別役割分業にとらわれない生き方の実現を目指す思想や運動。社会的・文化的に形成された性差＝ジェンダーから人々が自由になり、**「男らしさ」や「女らしさ」に縛られない「自分らしい」生き方**を自己決定できる社会を目指している。

例 フェミニズム（女性解放思想）の立場からすると、家父長制は、女性を抑圧する男性中心主義的な時代遅れのシステムに他ならない。

関連語 ・ジェンダー→P98

148 アフォリズム…本質を鋭く表現した簡潔な言葉

たとえば「人生は一箱のマッチに似ている。重大に扱うのは莫迦々々《ばかばか》しい。重大に扱わなければ危険である」「私は不幸にも知っている。時には嘘による外《ほか》は語られぬ真実もあることを」「阿保《あほ》はいつも彼以外の人を悉《ことごと》く阿保と考

関連語 ・現実／虚構→P33 ・エスプリ→P94

えている」（芥川龍之介『侏儒の言葉』より）などが**アフォリズム**。**警句**、**箴言**《しんげん》、**金言**などと訳される。

例 ニーチェの残した「多くのことを中途半端に知るよりは何も知らないほうがいい」という言葉は、アフォリズム（本質を鋭く表現した簡潔な言葉）の一例だ。

149 アナクロニズム…時代錯誤／時代遅れ

たとえば、今の時代に「男であること」に拘《こだわ》り、自分に課したルールを頑《かたく》なに守って「男らしく」生き、「男の美学」を追求する「男の中の男」がいたら、**アナクロニズム**といわれるだろう。だが、それでも彼は「男を張って」生きていくに違いない。**アナクロ**と略される。

関連語 ・フェミニズム→P88

例 いまどき、根性論を振りかざす指導者は、アナクロニズム（時代錯誤）と言わざるを得ない。

150 ファンダメンタリズム…原理主義

聖典の記述を絶対視し、その教えを頑《かたく》なに守り通す思想や社会運動。キリスト教・ユダヤ教・イスラム教など、世界中の宗教に広く見られる傾向だが、近年、イスラム復興を目指す**イスラム原理主義**を指すことが多い。

ちなみに、政府による市場への介入を最小化し、自由競争に任せれば、価格が適切に調整され、国民の生活が向上すると信じている立場を**市場原理主義**という。

関連語 ・グローバリゼーション→P68

例 ファンダメンタリズム（原理主義）は、伝統への回帰を目指すがゆえに、グローバル化と対立する。

151 ナショナリズム…国家という枠組みを重視する思想や運動

訳は、**国家主義**・**国民主義**・**民族主義**・**国粋《こくすい》主義**とさまざま。**国民国家**＝**ネーション・ステート**を重要視し、国家の統一、独立、発展を推進する思想や運動のこと。国家を至上の存在と見なし、個人を犠牲にしても国家の利益を尊重する場合、**全体主義**になってしまう。

例 ナショナリズム（国家主義）による愛国心の強制は、全体主義の兆候である。

関連語
・全体主義／自由主義→P59
・アナーキズム→P90

152 アナーキズム…無政府主義

すべての権威、特に国家の権威を否定し、社会に属する人間に働く政治的圧力を排除することによって個人の自由と独立を実現しようとする思想。**アナーキー**は**無政府状態**、**アナーキスト**は**無政府主義者**。政治的な目的を暴力的な手段によって達成しようとする**テロリズム**を提唱する者もいれば、平和主義のアナーキストもいる。

例 アナーキスト（無政府主義者）は、権力による強制のないユートピアを目指している。

関連語
・ニヒリズム→P54
・ユートピア→P95

153 エキゾティシズム…異国情緒／異国趣味

旅先でしみじみとした思いに浸ることがあると思う。それが旅情だが、遠く離れた異国に旅立ち、見慣れぬ風物に触れたならば、旅情は一段と深まるだろう。そのような独特の感情を**異国情緒**＝**エキゾティシズム**という。

関連語
・ノスタルジー→P66

ちなみに、西洋人が東洋に抱く憧《あこが》れや好奇心という感情もエキゾティシズムの一種で、**オリエンタリズム**という。**異国趣味**、**東洋趣味**、**東方趣味**などと訳される。

例 旧市街中心部に位置するバザールの喧騒にエキゾティシズム（異国情緒）を覚えた。

154 リアリズム…現実主義／写実主義

二つのパターンがある。**現実主義**と訳す場合は、理想を思い描くより目の前の状況に合わせた判断をしようとする立場のこと。**リアリスト**は**現実主義者**。

一方、**写実主義**と訳す場合は、芸術活動において現実をありのままに描写しようとする立場のこと。**写生**を主張する。**リアリスト**は**写実主義者**。

例 自称リアリスト（現実主義者）の彼は、周囲から日和見主義と言われている。
文学におけるリアリズム（写実主義）は、ロマン主義への反動から生まれた。

関連語
・現実／虚構→P33
・ロマンティシズム→P86

155 シュールレアリスム…超現実主義

無意識の世界や非合理的で非現実的な世界を探求し、既成の美学や道徳とは無関係に、理性によって合理的に把握できない内的な世界を表現しようとした芸術上の立場。**シュール**と略されることもある。

例 柔らかく変形した時計を描いたダリの絵は、シュールレアリスム（超現実主義）の代表的作品だ。

関連語
・意識／無意識→P15
・合理／非合理→P23

156 アイロニー…皮肉

たとえば「君の場合、遊びには真剣だね」（仕事には真剣でない）というように、表面的な意味とは裏腹な意味を込めた言葉によって遠回しに相手を非難すること。**イロニー**ともいう。形容詞は**アイロニカル**。

ちなみに「運命の皮肉」「皮肉な運命」という場合の皮肉は、予想外のよくない結果という意味。

例 アイロニー（皮肉）には、嘲笑や軽蔑が込められていることが多い。

関連語
・レトリック→P72

157 イニシエーション…通過儀礼

人生の節目において、経験する儀式のこと。たとえば、成人の儀式のように、特に大人へと成長する段階において通過しなければならない儀式をいう。本来、人間は、通過儀礼によって共同体の一員と正式に認められ、一人前の大人として扱われるようになった。

例 バンジージャンプの起源は、成人へのイニシエーション（通過儀礼）だという。

関連語
・成熟／未熟→P153

158 アポリア…解決が困難な問題

自分という存在は、一人のはずだが、自分を意識するもう一人の自分の存在を考えると、二人にも思える。さらに、自分を意識する自分を意識する自分の存在を考えると……。自分は、一人なのか二人なのか。あるいは、それ以

関連語
・我思うゆえに我あり→P15、P31

上の自分が存在するようにも思えてくる。
このように論理的に解決するのが困難な問題を、ギリシャ語でアポリアという。

例 デカルトの「コギト・エルゴ・スム」という言葉は、アポリア（解決が困難な問題）を生んだ。

159 アレゴリー…他の物事を用いて真意をほのめかすこと

寓意《ぐうい》と訳される。「寓《ぐう》する」とは、他の事にたとえて話すこと。教訓をほのめかす小説は**寓意小説**。擬人化した動物の生活を描いて人間に教訓を与えたり、社会風刺したりするたとえ話は**寓話**《ぐうわ》という。
このように他の物事を利用して真意を表現する方法、あるいは、その真意をアレゴリーという。

例 『イソップ物語』から道徳的なアレゴリー（ほのめかされた真意＝教訓）を読み取る。

関連語 ・直喩／隠喩→P47　・メタファー→P65

160 イデア…理念／観念

イデーともいう。現代文の中では、**理念**か**観念**のどちらかの意味で使われる。**理想的な概念**という意味で使われていたら**理念**、**頭の中の意識内容**という意味で使われていたら**観念**、と置き換えれば大丈夫。
ちなみに、プラトンは「理性だけが認識できる時空を超えた永遠不変の実在がイデアであり、現実の事物はイデアの模倣や再現＝**ミメシス**である」と考えていた。

例 不正を非難する人々がいるということは、現代人にも正義のイデア（理念）が残っている証拠だろう。

関連語 ・観念→P40　・理念→P41

161 エスプリ…その場の状況に応じた鋭い言葉を述べる知性

関連語
・レトリック→P72
・アイロニー→P92

機知と訳される。たとえば、モンパルナスのカフェで批評精神に富んだ軽妙洒脱《しゃだつ》で辛辣な言葉を当意即妙に駆使する人々の会話を「エスプリのきいた会話」という。

ちなみに、**エスプリ**はフランス語。英語の**ウィット**もほとんど同じ意味。

例 フランス人にとってエスプリ（状況に応じた鋭い言葉を述べる知性）は、会話における武器である。

162 エクリチュール…書くこと／書かれたもの／書き方

関連語
・ディスクール→P96

書くというフランス語の名詞形がエクリチュール。音声言語（話し言葉）を**パロール**というが、それに対する文字言語（書き言葉）が**エクリチュール**である。

また、現代思想においては、言語体系＝ラングと個人の文体＝スティルの中間に存在する、**社会的に規定された言葉の使い方**をエクリチュールということもある。

例 バルトのエクリチュール（書き方）論自体が、学術的なエクリチュール（書き方）で書かれている。

163 ファジー…曖昧《あいまい》さ

関連語
・デジタル／アナログ→P82

一般的なコンピュータは、情報を1か0の数値に置き換えるが、1と0の間にある曖昧《あいまい》性をも情報処理するのが**ファジー理論**。また、人間の経験や直観を数量化し、コンピュータによる人間と同程度、あるいは、それ以上の操作を可能にする方法を**ファジー制御**という。家電製品や自動運転、画像認証などに応用されている。

例 自然言語はファジーだからこそ（曖昧さを持つからこそ）日常生活において使用できる。

164 ユートピア…理想の世界

理想社会・理想郷・桃源郷・無何有《むかう》の郷《さと》ともいう。

トマス・モアの小説の題名に由来する「どこにも存在しない場所」という意味の造語。古今東西、人間は理想の世界を思い描いた。それは現実逃避ともいえるし、現実を理想に近づけるための試みともいえる。

対義語は**ディストピア**（**地獄郷**）。

関連語
・理想／現実→P41

例 彼にとっては、仮想空間がユートピア（理想の世界）になっている。

165 エートス…習慣によって獲得された習性や性格／道徳的習性／精神的雰囲気

たとえば、新任の先生が先生を続けるうちに先生らしくなるように、習慣によって後天的に身についた習性や性格を**エートス**という。また、民族や国民など、集団に特有の道徳的習性や精神的雰囲気という意味もある。

ちなみに、**一時的な感情**を**パトス**というのに対して、**エートス**には**持続的な性格**というニュアンスがある。

関連語
・パトス→P73

例 日本人には、清潔を好むエートス（道徳的習性）がある。

166 エントロピー…無秩序さの度合い

もともとは物理学の熱力学第二法則の用語。それが、エネルギー問題や地球温暖化問題など、さまざまな文脈で使われるようになった。でも、現代文に出てきたときは「無秩序さの度合い」と置き換えれば大丈夫。

ちなみに、エントロピーの増大とは、無秩序になっていくことを意味する。

例
持続可能性を高めるためには、自然界のエントロピー（無秩序さの度合い）を制御するべきである。

関連語
・カオス／コスモス→P80

167 ディスクール…言語による表現

フランス語で言説と訳される。いきなりフランス語が出てくると驚くかもしれないけれど、言語による表現と置き換えれば大丈夫。

例
ディスクール（言語による表現）を分析する。

関連語
・エクリチュール→P94

168 コード…規則／ルール／体系

コンピュータの場合、文字や数字など記号を用いて情報が表現されるが、記号の使用には一定の規則がある。その規則、あるいは記号の体系をコードという。

それと同様に、言葉の使用における辞書的な意味や文法の規則は、言語のコードといえる。

現代文にコードという言葉が出てきた場合、一定の規則

関連語
・コンテクスト→P97

やルール、記号の体系という意味だと考えればよい。

例 迷信を信じる人は、文化のコード（規則）に縛られている。

169 カリカチュア…特徴を大げさに表現して面白おかしく描くこと

戯画・風刺・風刺画などと訳される。たとえば、政治家を批判するとき、その姿を面白おかしく漫画にしたのが**カリカチュア**。新聞の時評欄などに掲載されていることがある。また、文章によって現実を批判するときに、カリカチュアの手法が取られることもある。たとえば、セルバンテスの『ドン・キホーテ』は、その一例。

例 政治家のカリカチュア（風刺画）は、国民の政治不信を代弁している。

関連語
・アイロニー→P92
・アレゴリー→P93

170 コンテクスト…文脈

テクストは、もともと「言葉によって編《あ》まれたもの」という意味。**コンテクスト**は「テクストとテクストの間」あるいは「あるテクストの前のテクストと後のテクスト」つまり、前後関係、文脈という意味。状況や背景という意味で使われることもある。

例 「僕は鰻《うなぎ》だ」という文は、コンテクスト（前後の文脈）によって意味が変わる。

関連語
・コード→P96

171 **ジェンダー**…社会的・文化的に形成された性差

生物学的で先天的な男女の性差を**セックス**というのに対し、「男は泣いてはいけない」とか「女の子はしとやかに」というように、一定の社会や文化の中で後天的につくられた男女の違いを**ジェンダー**という。つまり、男らしさや女らしさのこと。

ちなみに、ジェンダーによる差別を克服し、自由な生き方の実現を目指す考えを**ジェンダーフリー**という。

例 ボーヴォワールの「人は女に生まれるのではない、女になるのだ」という言葉は、ジェンダー（社会的・文化的に形成される女らしさ）を意味している。

関連語
・フェミニズム→P88

172 **スケープゴート**…身代わり

直訳は、**贖罪《しょくざい》の山羊《やぎ》**。古代ユダヤにおいて、年に一度人々の罪を贖《あがな》うために犠牲となった山羊のこと。

現代社会では、たとえば、権力者が危機的状況に陥った場合、民衆の不満や憎悪の標的を自分から他にそらすため、特定の少数者や弱者を身代わりにするケースがある。そのような身代わりを**スケープゴート**という。

例 ナチスは、ユダヤ人をスケープゴート（身代わり）にすることによって民衆の不満を解消した。

関連語
・贖罪→P136

173 **ステレオタイプ**…型にはまったイメージ

関連語
・マンネリズム→P87

ステロタイプともいう。**紋切り型**と訳される。たとえば「都会の人は冷たい」「男性は女性の話を聞かない」「女の人は運転が苦手」など、型にはまったイメージのこと。また、ステレオタイプな表現を**常套句**《じょうとうく》＝**決まり文句**という。

例 マスメディアが、ステレオタイプ（型にはまったイメージ）を培養し、拡散している。

174 デカダンス…退廃

芸術における虚無的で退廃的な傾向。既成の価値観や道徳を否定し、病的で怪奇的なものを好んだり、耽美《たんび》的で官能的な世界を追求したりする。**デカダン**と略す。感覚的には、退屈さや精神的倦怠感を伴うが、そのような気分をフランス語で**アンニュイ**という。

関連語 ・虚無主義→P54 ・耽美→P132

例 世紀末にはデカダンス（芸術における虚無的で退廃的な傾向）が流行する。

175 ディレンマ…板ばさみの状態／葛藤

寒いので、二匹のヤマアラシが身体を寄せ合って温め合おうとするが、近づくと互いの針が刺さる。痛いから離れると、今度は寒くて仕方がない。この状態が、**ヤマアラシのディレンマ**。人間も離れると孤独になるが、近づきすぎると自我と自我が衝突し、傷つけ合うディレンマに陥る。**ジレンマ**とも表記され、**両刀論法**とも訳される。

関連語 ・葛藤→P140 ・二律背反→P112

例 ある行為を行っても行わなくても、何らかの倫理的規範に反してしまうために生じるディレンマが、モラルディレンマ（道徳的葛藤）である。

176 トポス…場所

ギリシャ語で「場所」あるいは「場」という意味。物理的な場所だけでなく、精神的な場所も**トポス**という。
たとえば、個人が精神的な拠《よ》り所《どころ》とする居場所は、心のトポスであるし、対立する二人が議論の出発点とする命題や論点は、議論のトポスである。
ちなみに、英語の場合、主題という意味になる。

例 都市は祝祭性に満ちたトポス（場所）である。

関連語
・原体験→P149

177 ナイーブ…単純な／世間知らずな／素朴な／純真な／無邪気な

元来は「単純で世間知らずだからだまされやすい」というマイナスイメージの意味を持つ言葉。それが誤用され「素朴で純真無垢、あるいは、繊細で感じやすくデリケート」というプラスイメージでも使われるようになった。プラスマイナスは、前後の文脈で判断しよう。

例 メディアに情報操作されるのは、ナイーブな（単純で世間知らずな）知性の持ち主だ。

関連語
・大衆→P50
・プロパガンダ→P103

178 ノモス…社会の制度や規範

人間は、一人では生きていけない。他者との関係の中で、社会を形成して生きていく。そして、社会の秩序を維持するためには、制度や規範が不可欠になる。
たとえば、古代ギリシャ人は、ポリスを形成し、秩序を維持するために、掟、慣習、法律などの制度や規範を制定した。それらの制度や規範をギリシャ語で**ノモス**という。

関連語
・ピュシス→P101

対義語は、**自然**という意味のピュシス。

例 ノモス（社会の制度や規範）は自由を束縛する因習や強制にすぎないと考えた人々は、ノモス（社会の制度や規範）からの解放を唱えた。

179 ピュシス…自然

フュシスともいう。ギリシャ語で、ありのままの自然という意味。ノモスの対義語。

ちなみに、ラテン語の**ナトゥーラ**（natura）や英語の**ネイチャー**（nature）に「征服すべき対象」というニュアンスがあるのに対し、**ピュシス**（physis）には「共生すべき自然」というニュアンスがある。

関連語 ・ノモス→P100

例 前近代的な捕鯨《ほげい》において、鯨《くじら》はピュシス（自然）からの贈り物と考えられていた。

180 パースペクティブ…ものの見方

遠近法、透視画法。ある一点を視点とし、遠くのものは小さく、近くのものは大きく描写する方法のこと。

だが、現代文の場合、**視点**、**視野**、**観点**、**見方**、**考え方**、**将来の見通し**という意味で出てくることが多い。

関連語 ・鳥瞰→P132

例 問題解決には、違ったパースペクティブ（ものの見方）から考える必要がある。

181 ヒエラルキー…階層構造

上下関係のあるピラミッド型組織における階層構造。ドイツ語の発音だと、**ヒエラルヒー**になる。

もともとカトリック教会内部や封建制度内部の身分制度を指したが、今では軍隊組織や官僚制度など、広い意味での階層構造を指す。

例 資本家と労働者は、ヒエラルキー（階層構造）を形成している。

関連語
・資本主義→P58
・ルサンチマン→P102

182 ルサンチマン…恨みや憎しみ

弱者が、無力さゆえに、強者に対して恨みや憎しみ、復讐心や嫉妬という感情を鬱積《うっせき》させていること。

ニーチェは「キリスト教による弱者救済は、弱者のルサンチマンに起因する強者への復讐である」と考え、キリスト教を批判した。ニーチェは、キリスト教の道徳が、弱者による自己救済のための虚構であることを暴露し、「**神は死んだ**」という言葉を残したのである。

例 弱者が善人で強者が悪人という価値観は、弱者のルサンチマン（強者への恨みや憎しみ）に由来する。

関連語
・大衆→P50
・ヒエラルキー→P102

183 アバンギャルド…前衛芸術

もとは偵察や先制攻撃をする少数精鋭部隊という意味の軍事用語。それが転じて、因習や伝統、権威など**既成の通念を否定し、時代の最先端において未知の表現を開拓する芸術革新運動**という意味になった。

関連語
・シュールレアリスム→P91

文学・絵画・彫刻・写真・映画・演劇・音楽・書道・生け花など、さまざまな分野に**アバンギャルド**は存在する。

例 ジョン・ケージの実験音楽『四分三十三秒』は、アバンギャルド（前衛芸術）全体に影響を与えた。

184 フォークロア…民間伝承／民俗学

言葉や伝説、生活習慣やならわし、信仰や儀礼、遊戯や芸能など、普通の人々が先祖代々受け継いできた事柄を、フォークロア＝民間伝承という。また、民間伝承を研究対象とする**民俗学**もフォークロアという。

ちなみに、フォークロアのフォークは、フォークソングのフォークと同じで、民俗や民衆という意味。

関連語
・民俗→P140

例 昔話は、口伝えで語り継がれたフォークロア（民間伝承）である。

185 プロパガンダ…人々を特定の主義や思想に誘導する意図がある宣伝行為

たとえば、戦争をする国は、自国の立場が正当であるかのようにメディアを使って情報操作する。正しい戦争など絶対ないのに、大義名分を捏造《ねつぞう》し、世論を戦争肯定へと誘導する。それが、戦争プロパガンダである。

プロパガンダの手段として、テレビ、ラジオ、新聞、映画、芸術、インターネットなどが使われる。

関連語
・メディア・リテラシー→P76
・ナイーブ→P100

例 相手国の指導者を悪魔のように描くのは、戦争プロパガンダ（主義や思想の宣伝）の常套《じょうとう》手段だ。

186 ペダンティック…知識や教養をひけらかす様子

衒学的《げんがく》と訳される。少しばかり知識や教養のある人が、その知識や教養を、まるで学者のように、ときには知ったかぶりをして、得意げにひけらかす様子。

ちなみに、**スノッブ**と似ているが、スノッブは、浅薄な知識や教養を自慢し、紳士を気取る俗物という意味。

例 ペダンティックな（知識や教養をひけらかす）人は、わかりやすいことをわかりにくく説明する。

関連語
・粋／野暮→P150

187 アウラ…独特な存在感

人がいる、あるいは、物があるだけで存在感を発することがある。その独特な雰囲気、存在感を**アウラ**（**オーラ**）という。たとえば、一流のアスリートには、部屋に入ってきた瞬間、場の雰囲気を変化させてしまうような存在感がある。また、一流の芸術作品にも、人々を惹《ひ》きつける神秘的な存在感、すなわちアウラがある。

例 真作の絵には、贋作《がんさく》や複製にはないアウラ（独特の存在感）がある。

関連語
・創造／模倣→P28

188 モラトリアム…猶予《ゆうよ》期間

社会人としての義務や責任を果たすことを先延ばしにすることが許されている期間、あるいは、先延ばしの状態に留《とど》まろうとする心理状態を**モラトリアム**という。

ちなみに、精神的に未熟なままで大人になろうとしない

関連語
・アイデンティティ→P64

人のことを、**モラトリアム人間**という。

例 経験を積み、アイデンティティを確立するためには、モラトリアム（猶予期間）が必要である。

189 ルポルタージュ…報道／現地報告／報告文学

報道活動を行うジャーナリズムにおいて、現地での取材に基づき、できるだけ筆者の意図を加えず、ありのままに事実を伝えようとする方法。

虚構を混じえず事実を伝えようとする点において、**ノン・フィクション**のジャンルに分類される。

関連語
・現実／虚構→P33

例 ルポルタージュ（現地報告）と小説との違いとは、嘘を書くか書かないかである。

190 レゾン・デートル…存在理由

社会に居場所を見つけ、役割を果たすとき、人は自分の存在理由を実感する。あるいは、見つめ合う恋人たちは、相手の瞳に映る自分の姿にお互いの存在意義を見つける。

そのような存在理由＝存在意義を、フランス語でレゾン・デートルという。

関連語
・存在理由→P51 ・アイデンティティ→P64

例 君は、君自身のレゾン・デートル（存在理由）を考えたことがあるか。

191 ステークホルダー…利害関係者

たとえば、企業の場合、株主など投資家、従業員、取引先、金融機関、顧客、地域住民など、事業の影響を受ける利害関係者を**ステークホルダー**という。

企業が、**持続可能性**＝**サスティナビリティ**を高めるためには、社会的責任を果たし、ステークホルダーから信頼される必要がある。それゆえ企業は、法令や社会規範に則《のっと》って公正に業務を遂行する、すなわち**コンプライアンス**＝**法令遵守《ほうれいじゅんしゅ》**を徹底する義務を負うし、正しい経営をしているか、情報開示する必要もある。

ちなみに、このように企業が、不正による信用の失墜を防止し、長期的な収益力を強化する仕組みを**企業統治**＝**コーポレート・ガバナンス**という。

例 近江商人の「売り手よし、買い手よし、世間よし」という言葉は、ステークホルダー（利害関係者）を大切にする現代の企業の方針を先取りしている。

関連語 ・資本主義→P58

192 レジリエンス…精神的回復力

たとえば、戦争や災害、事故、犯罪、虐待などを経験し、**トラウマ**（**心的外傷**）が残りそうな状況でも、**心的外傷後ストレス障害**＝**ＰＴＳＤ**を発症しない人が一定の割合でいる。そのような人々に備わっている、**困難で脅威を感じる状況にもかかわらず、状況にうまく適応する精神的回復力**を**レジリエンス**という。

関連語 ・自己相対化→P14

元来は物理学の用語で、弾力性、復元力という意味。

例　自分を客観視し、相対化するのは、レジリエンス（精神的回復力）を高める有効な方法である。

193 アフォーダンス…環境が人や動物に与える情報

関連語
・自律／他律→P30

たとえば、ドアのノブを回す、水道の蛇口《じゃぐち》をひねる、ラケットのグリップを握る行為において、ドアノブや蛇口、グリップの物理的形状が、それぞれ「回す」「ひねる」「握る」ものであるという情報を使用者に提供（**アフォード**）するため、使用者は、主体的に判断し、行動する以前に、環境に内在する情報に誘導されているというのが、**アフォーダンス**の理論である。

例　湯飲み茶碗《ちゃわん》に持ち手をつけると珈琲《こーひー》カップになるが、その場合、アフォーダンス（環境が人や動物に与える情報）も変化している。

194 パターナリズム…相手の利益のためには、本人の意思に反しても、干渉するべきという考え方

関連語
・自律／他律→P30

父権主義、**父親主義**、**温情主義**、**家父長制**などと訳されている。形容詞は、**パターナリスティック**。

たとえば、親が子どもに「悪い友達とは付き合うな」「就職を考えて真面目に学部を選べ」「お前のためだから」などと説教するのが、**パターナリズム**。

強い立場にある者が立場の弱い者に対して「相手の利益になるのだから、たとえ本人の意思に反していても、相手の生活や行動に干渉するべきである」と考える場合、その考え方をパターナリズムという。

パターナリスティックな干渉は、親と子だけでなく、医者と患者、専門家と素人、国家と国民、宗主国と植民地、先進国と開発途上国においてもみられる。

例 医者のパターナリスティック（父権主義的）な態度に対して患者の自己決定権を保障するには、インフォームド・コンセント（説明と同意）が不可欠である。

195 ノブレス・オブリージュ…高い身分に伴う義務

関連語
・存在理由→P51
・ヒエラルキー→P102

元来は「高貴な身分には義務が伴う」という意味のフランス語。英語では、**ノーブル・オブリゲーション**。

たとえば、上流階級が存在するイギリスの場合、貴族や王族が、戦争や紛争の際はイギリス軍に従軍したり、平時にはボランティア活動に参加したりしている。

このように、階級社会には「**名声、財産、権力、社会的地位がある人々は、特権を有する反面、社会に貢献する義務を負っている**」という考えがあり、その義務をノブレス・

オブリージュという。
ちなみに、アメリカでは、多くの資産家や有名人が、ノブレス・オブリージュの考えに則《のっと》って、慈善活動への寄付やボランティア活動をしている。

例

残念ながら日本の政治家や経営者の場合、ノブレス・オブリージュの精神（高い身分には義務が伴うという考え）を持たない人が大半である。

196 軋轢《あつれき》…仲が悪くなること

「軋《あつ》」も「轢《れき》」も、車輪がきしる（こすれ合って音を立てる）という意味。そこから、人と人の仲が悪くなることという意味になった。**不和**《ふわ》も同じ意味。

ちなみに、互いに自分の意見を主張し、譲らないために生じる不和を**確執**《かくしつ》という。

関連語
・相克《そうこく》→P131
・葛藤《かっとう》→P140

例 親友との間に軋轢が生じた（親友と仲が悪くなった）。

197 畏敬《いけい》…おそれ敬《うやま》うこと

崇高《すうこう》で偉大な存在に対して、その力を十分に理解した上で敬意を抱くこと。

類義語は、**畏怖**《いふ》＝おそれおののくこと。

関連語
・アニミズム→P88
・崇拝《すうはい》→P128

例 現代人は、自然に対する畏敬の念（おそれ敬う気持ち）を忘れがちである。

198 以心伝心《いしんでんしん》…言葉を使わずに心を通じ合わせること

日本人は、互いにわかり合えると思っているから、言わなくてよいことは言わずにすませる。その究極が以心伝心。

もともとは禅宗の用語。仏法の奥義《おうぎ》や悟りの内容は、言葉や文字で説明できるものではなく、師の心から弟子の心に言葉を用いずに伝えるものであるという意味。

関連語
・集団主義／個人主義→P57
・不立文字→P119

例 代表チームのメンバーは、以心伝心で（言葉ではなく心で）通じ合っていた。

199 諧謔《かいぎゃく》…面白くて気のきいた言葉

関連語
・エスプリ→P94

「諧《かい》」も「謔《ぎゃく》」も「たわむれ」という意味。洒落《しゃれ》た冗談やユーモアを指していう言葉。

例 あの小説家は、諧謔を弄《ろう》する（面白くて気のきいた言葉を次から次へと繰り出す）ので有名だ。

200 閾値《いきち》…反応を引き起こすために必要なエネルギーや刺激の最小値

関連語
・大衆→P50

反応する側からすれば、反応してしまう限界値＝許容量。閾値が高ければなかなか反応せず、閾値が低ければすぐに反応する。本来、生物学や物理学の用語だが、現代文では、たとえば「欲望の閾値が高い人は満足しにくく、閾値が低い人は満足しやすい」というように、心理学的な意味で使われることが多い。

ちなみに、物理学の用語として使われる場合は「しきいち」と読む。

例 若者の欲望の閾値が低下している（若者は欲があまりなく、現状に満足する傾向にある）という。

201 厭世《えんせい》…世の中を嫌《いや》なものと思うこと

厭世的な考えを、**厭世観**、**厭世主義**という。そういう考えを持つ人は、**厭世家**。そして、実際に俗世間との関係を断つことを、**隠遁**《いんとん》、**隠居**《いんきょ》、**隠棲**《いんせい》、**遁世**《とんせい》という。世捨て人の別名は、**隠遁者**、**隠者**《いんじゃ》、**隠士**《いんし》、**遁世者**。

例 彼は失恋して厭世的に（この世を嫌なものと思うように）なった。

関連語
・虚無主義→P54
・オプティミズム／ペシミズム→P81

202 二律背反《にりつはいはん》…対立し矛盾する命題が同時に存在する状態

たとえば「宇宙は時間的には始まりと終わりがあり、空間的にも有限である」という考えと「宇宙は時間的には始まりも終わりもなく、空間的にも無限である」という考えは、どちらも正しく思える。このように、一つひとつの命題は成立するのに、命題と命題が対立する状態を、**二律背反** = **アンチノミー** という。

例 「神は存在する」のか、それとも「神は存在しない」のかという問題を考えると、二律背反（対立し矛盾する命題が同時に存在する状態）が生じる。

関連語
・矛盾→P46
・ディレンマ→P99

203 懐疑《かいぎ》…疑うこと

懐疑という言葉には「常識や絶対的な真理さえ疑う」というニュアンスがある。また、**懐疑主義** = **懐疑論** とは「人間の感覚や理性を駆使しても普遍的で絶対的な真理を知ることなどできない」と主張する立場である。

関連語
・我思うゆえに我あり→P15、P31

だが、**デカルト**は真理の探究を諦《あきら》めず、真理を探すために**方法的懐疑**という手段を考え、疑う自分の意識の存在は疑いようがないことを発見した。

例 すべてを疑うならば、懐疑（疑う）という方法も疑うべきだ。

204 邂逅《かいこう》…思いがけなく出会うこと

考えてみれば、待ち合わせでもしない限り、この世の出会いはすべて偶然といえる。そのような偶然性に左右される人生において、しばらく会わなかった人と、思いがけなくめぐり合うことがある。運命的ともいえる出会い。それが**邂逅**。**遭遇**《そうぐう》や**奇遇**《きぐう》もほとんど同じ意味。

関連語 ・偶然／必然→P24

例 旧友と邂逅した（思いがけなく出会った）。

205 蓋然性《がいぜんせい》…確実性の度合い

たとえば「夕焼けがきれいだから明日は晴れになる蓋然性が高い」という。**蓋然性**とは、そうなると予測される確実性の度合いである。だが、そこに偶然性の入る余地はある。

現代文に出てきた場合、確実性、可能性、必然性と置き換えれば大丈夫。ちなみに、蓋然性を数値で表すと確率になる。

関連語 ・偶然／必然→P24

例 日々の努力によって合格の蓋然性が高まる（合格する可能性が高くなる）。

206 乖離《かいり》…離ればなれになる状態

たとえば「理想と現実の乖離」「政府は国民感情から乖離した政策を推進しようとしている」などという。

もともと一体であるべきものが離ればなれになること。分離と置き換えても意味は通じる。

例 精神と肉体の乖離（心と身体が離ればなれになる状態）。

関連語
・矛盾→P46
・齟齬《そご》→P131

207 独我論《どくがろん》…実在するのは己《おのれ》の自我とその意識内容だけであるという考え

本当に実在するのは、自分の**自我**だけであり、他者や外界は、自我によって意識される**観念**や**現象**にすぎないという考え。自己中心的な見方である。

例 西田幾多郎《にしだきたろう》は「個人あって経験あるにあらず、経験あって個人あるのである」と考え、独我論（実在するのは己の自我とその意識内容だけであるという考え）から脱することができたという。

関連語
・現象→P21
・自我→P31
・観念→P40

208 陥穽《かんせい》…落とし穴

元来「動物を捕獲する落とし穴」という意味。それが「人間を陥《おとしい》れる罠《わな》＝策略」という意味になった。

例 現代人は、理性中心主義の陥穽に陥《おちい》っている（理性中心主義から抜け出せなくなっている）。

関連語
・合理／非合理→P23

209 諦念《ていねん》…諦《あきら》めの気持ち

物事の道理を悟った上で自分の思いを断念するというニュアンスがある。類義語は**諦観**《ていかん》で、本質をよく見極める、あるいは、俗世間に対する欲望を断ち切り、超然《ちょうぜん》とした生活態度を取るという意味。

例 天変地異《てんぺんちい》に見舞われると、自然には逆らえないという諦念（諦《あきら》めの気持ち）を抱かざるを得ない。

関連語
・無常→P149

210 諫言《かんげん》…目上の人の誤りや悪いところを改めるように忠告すること

同音異義語
- **諫言**＝目上の人の非を諫《いさ》めること
- **甘言**＝相手の気をひくための口先だけの巧みな言葉
- **換言**＝別の言葉に言い換えること

例 社長に諫言した（社長の非を諫《いさ》めた）。
甘言に釣《つ》られた（巧みな言葉に誘われた）。
哲学とは、換言すれば（言い換えれば）、生きる意味を自問自答する営みである。

関連語
・還元《かんげん》→P54

211 帰依《きえ》…神や仏や優《すぐ》れた人物を信じ、その力にすがること

仏教用語。何かを信じることで、人は救われることがある。それは、科学が発達した現在でも変わらない。おそらく、生きる意味を与えてくれるからだろう。

例 仏、法、僧の三宝《さんぼう》に帰依することを（すがること）を、帰依三宝《きえさんぼう》という。

関連語
・崇拝《すうはい》→P128

212 機微《きび》…表面的には捉えにくい微細《びさい》な心の動きや微妙《びみょう》な事情

たとえば「心の機微に触れる」は、感情の微細な動きを感じ取るという意味。「外交の機微に触れる」は、国家間の微妙な事情を知るという意味である。

例 小説を読解することは、実人生において人情の機微を察する（人の感情の微細な動きを相手の対場に立って推察する）予行演習になる。

関連語
・感情→P16

213 所産《しょさん》…産み出された成果

たとえば「AはBの所産である」という場合、Bの成果として産み出されたものがA。つまり、Bが**原因**でAが**結果**。文中に出てきたら、**因果関係**を把握しよう。

例 緑色蛍光《りょくしょくけいこう》タンパク質は、下村教授の長年にわたる研究の所産（長年の研究の成果）だ。

関連語
・原因／結果→P24

214 記号《きごう》…意味を持つ知覚対象

文字や数字、交通信号、象徴など、意味を持つ知覚対象が**記号**。記号について考える学問は、**記号論**。

言語学者**ソシュール**は、記号＝シーニュによる世界の分節化と同時に、音声や文字などの記号表現＝シニフィアンと、そこからイメージされる記号内容＝シニフィエという二つの要素も産み出されると考えた。

ちなみに、ある事物の特徴をつかんだり、類似した他の事物と区別したりする上で基準となる目印、指標、標識、記号を**メルクマール**という。

関連語 ・シンボル→P71　・コード→P96

例 ブランドは、消費社会における差異表示記号（他者との違いを示すという意味を持つ知覚対象）になっている。

215 規範《きはん》…判断や行動の拠《よ》り所《どころ》となる規準

良心に従って生きる人は自己の意識を規範とし、周囲の視線を気にして生きる人は他者の評価を規範とする。

具体的には「何が正しくて何が間違《まちが》っているか」「何が善で何が悪か」あるいは「何をすべきで何をすべきでないか」を判断する規準。普通、**規範**は社会の中で共有されている。

関連語 ・罪の文化／恥の文化→P36　・ノモス→P100

例 他人に迷惑をかけないのは、最低限の社会規範（社会における判断や行動の規準）だ。

216 欺瞞《ぎまん》…あざむき、だますこと

たとえば、子どもの頃から周囲の人々に嘘をつき、大人になっても息を吐くように嘘をつき続ける人の一生は、残念ながら「欺瞞に満ちた人生」である。

また、自己防衛や自己正当化のために、自分で自分をあざむくことを**自己欺瞞**《じこぎまん》という。目標に向かって努力すると決意したのに途中で諦《あきら》め、しかも、それは仕方がないことだと無理に自分を納得させてしまうのは、受験生が陥《おちい》ってはいけない自己欺瞞である。

例 大臣の欺瞞に満ちた答弁（大臣の国民をあざむく答弁）によって予算委員会が紛糾《ふんきゅう》した。

関連語
・捏造《ねつぞう》→P125
・歪曲《わいきょく》→P144
・矮小化《わいしょうか》→P147

217 矜持《きょうじ》…誇り

自分が自分であることへのプライド。自分の能力や才能に自信を持つこと。**自負**《じふ》も同じ意味。

たとえば「職人としての矜持」というように、自分の役割に対して持つ矜持もあれば、「自分自身への矜持」というように、自分で自分の人格を大切にし、品格を保とうとする**自尊心**《じそんしん》としての矜持もある。

例 家の跡継《あとつ》ぎとしての矜持（誇り）を意識する人が少なくなった。

関連語
・存在理由→P51
・アイデンティティ→P64

218 享受《きょうじゅ》…受け入れ、味わい、楽しむこと

関連語
・能動／受動→P152

たとえば「自由を享受する」「平和を享受する」「繁栄を享受する」「美を享受する」というように、状況を受け入れて味わい楽しみ、精神面、あるいは、物質面において生活を豊かにすること。

例 現代人は、金銭と引き換えにサービスを享受する（サービスを受け入れて楽しむ）ことに慣れている。

219 吟味《ぎんみ》…念入りに調べること

元来は、詩歌《しいか》を吟《ぎん》じ、その良さを味わうこと。そこから、物事を念入りに調べるという意味になった。

文章の字句を練り直して**推敲**《すいこう》する場合、一つひとつの言葉の意味を吟味する必要がある。また、本物と偽物《にせもの》を見分けにくい今のような時代には、**偽装**を見抜くために、材料や内容、品質などを吟味する必要がある。

関連語
・偽装→P125
・真贋《しんがん》→P151

例 一流の料理人は、素材を吟味して（念入りに調べて）素材の特性を引き出す。

220 不立文字《ふりゅうもんじ》…悟りは言葉では伝えられないこと

禅宗の言葉。悟りとは、師の心から弟子の心へと、まったく文字や言葉を使わずに伝えるものであるということ。**以心伝心**の最終形態。**教外別伝**《きょうげべつでん》や**拈華微笑**《ねんげみしょう》も、同じ意味。

言葉で表現した世界は有限であるため、言葉では究極の真理を表現できないという考えが根底にある。

関連語
・以心伝心→P110
・解脱《げだつ》→P142

例 禅宗は、不立文字を旨《むね》とする（禅宗は、悟りは言葉では伝えられないという考えを大切にする）。

221 形骸化《けいがいか》…内容がなくなり、形だけ残ること

形骸とは、生命や精神のない身体のこと。あるいは、形だけは残っているものの、実質的な意味や内容を持たないもの。したがって、**形骸化**は、初めにあった意味や内容がなくなり、形だけになるという意味になる。
たとえば、皆が知っているけれど、誰も守っていない制度を、形骸化した制度などという。

例 形骸化した(内容のない形だけのものになっている)校則は積極的に見直すべきである。

関連語
・マンネリズム→P87
・ステレオタイプ→P98

222 啓蒙《けいもう》…無知な人々に知識を与えて知的水準を高めること

「啓《けい》」は「ひらく」、「蒙《もう》」は「くらい」という意味。啓蒙とは、何も知らない人々に知識を与え、自分で正しく物事を考えられるようにすること。
啓蒙思想は、合理主義に基づいて伝統や偏見を打破し、人々を進歩させようとする思想のこと。

例 大衆を啓蒙する（無知な大衆に知識を与え、知的水準を高める）。

関連語
・大衆→P50
・文明／野蛮→P158

223 契機《けいき》…きっかけ

物事の始まりや変化を引き起こす動的な要因、動機、きっかけ。**ヘーゲル**の用語としては、**弁証法**において新しい状態に発展する時、そのきっかけとして必ず通過しなくてはならない本質的段階、高次の存在を構成するのに不可欠

関連語
・原因／結果→P24
・弁証法→P84

な本質的要素という意味で使われる。
ちなみに、**モチーフ**は、絵画や彫刻、小説など、芸術活動の動機となる主題や思想、内的衝動のこと。

例 他者を知ることは、自分自身を知る契機（きっかけ）になる。

224 縁《えん》…つながり

地縁《ちえん》は「同じ土地に住む人々のつながり」、**血縁**《けつえん》は「同じ血筋のつながり」という意味。
故郷を喪失した人のことをフランス語で デラシネ ＝ 根無し草 という。

関連語
・ゲゼルシャフト／ゲマインシャフト→P155

例 故郷喪失者は、地縁（土地のつながり）や血縁（血のつながり）から自由になった根無し草である。

225 薫陶《くんとう》…徳によって人に影響を与え、立派に育て上げること

もともと、香をたいて薫りをしみ込ませた土をこね、形を整えながら陶器《とうき》を造《つく》り上げるという意味。徳のある人が、何かを教えるわけでもなく、ただ傍《そば》にいるだけで、薫りがしみ込むように、いつの間にか周囲の人々によい影響を与えること。

関連語
・陶冶《とうや》→P124

類義語に**涵養**《かんよう》があるが、これは自然に水がしみ込むように徐々に養い育てるという意味。

例 私が現在あるのは、師の薫陶の賜物《たまもの》（師の徳によるよい影響のおかげ）だ。

226 言霊《ことだま》…言葉に宿る霊的な力

言葉には霊力が宿り、縁起のよい言葉はよいことを、不吉な言葉は悪いことを引き起こすと信じることを言霊信仰という。現在でも、不吉な言葉を避け、スルメをアタリメと言い換えたりする習慣に残っている。

例 日本は、言霊の幸《さきは》ふ国（言葉の霊妙な力によって幸福がもたらされる国）と言われている。

関連語
・禁忌《きんき》→P68
・アニミズム→P88

227 更生《こうせい》…もとの正常な状態に戻ること

同音異義語
- **更生**＝もとの正常な状態に立ち直ること
- **更正**＝登記や申告などの誤りを正すこと
- **校正**＝文字や図版などの誤りを正すこと

例 非行少年を更生させる（不良を反省させて社会生活が送れるようにする）。
登記の誤りを更正する（登記の誤りを正す）。
原稿を校正する（原稿の文字の誤りを正す）。

関連語
・還元→P54

228 固執《こしゅう》…自分の意見を主張して譲らないこと

「こしゅう」と「こしつ」二種類の読み方があるが、本来は「こしゅう」と読む。「こしつ」は慣用読み。頑固で融通がきかないというニュアンスがあり、「こだわる」「とらわれる」という意味でも使われる。

関連語
・先入観→P50

似た言葉として、**確執**《かくしつ》＝互いに自分の意見を主張して譲らないために不和が生じること、**執着**《しゅうちゃく》＝とらわれること、**拘泥**《こうでい》＝こだわることなどがある。

例 あの教授は自説に固執している（あの教授は自分の説を頑固に主張して譲らない）。

229 詭弁《きべん》…一見正しそうだが、実は成立しない論法

たとえば「起業する人はポジティブである」「君はポジティブである」「だから君は起業できる」という論法が**詭弁**。すべての起業家がポジティブでも、ポジティブな人のすべてが起業家になれるわけではない。もっともらしく言いくるめようとする、こじつけの論法。

例 国会審議で詭弁を弄《ろう》して（こじつけの論法を駆使して）論点をすり替える大臣がいる。

牽強付会《けんきょうふかい》も無理なこじつけという意味。

関連語
・三段論法→P13
・欺瞞《ぎまん》→P118

230 誤謬《ごびゅう》…あやまり

論理的なプロセスにおいてあやまりを犯すこと。たとえば、誰もが高速道路を使おうとする結果、高速道路が渋滞するように、一人ひとりは合理的判断をしているのに、全体で見ると非合理な現象が起きていることを、**合成の誤謬**という。

例 「彼は正直な人間だから嘘をつくわけがない」という論法には、証明すべき結論を前提としている点において誤謬（あやまり）がある。

関連語
・合理／非合理→P23
・矛盾→P46

231 呪術《じゅじゅつ》…まじない

神や精霊など超自然的な存在に働きかけて目的を達しようとする行為。合理主義者に言わせれば、単なる迷信にすぎないのかもしれないが、現代でも人々は、商売繁盛を願って店先に招き猫を置いたり、工事の無事を祈願して地鎮《じちん》祭《さい》を行ったりしている。

例 結婚式に大安吉日《たいあんきちじつ》を選ぶのも、一種の呪術（超自然的な力に働きかけて目的達成を願う行為）である。

関連語

・アニミズム→P88
・言霊《ことだま》→P122

232 陶冶《とうや》…育て上げること

もとは、陶器を造《つく》る、あるいは、鋳物《いもの》を鋳《い》るという意味。そこから、人間の性質や才能を見極め、十分に育て上げるという意味になった。

例 スポーツを通じて人格を陶冶する（立派な人格に育て上げる）。

関連語

・薫陶《くんとう》→P121
・涵養《かんよう》→P121

233 残滓《ざんし》…名残《なごり》

たとえば「旧制度の残滓」「軍国主義の残滓」というように、かつてあった何かよくない物事の名残というマイナスの意味で使われることが多い言葉。

残滓の「滓」には「かす」や「おり」という意味がある。つまり、液体の底の沈殿物。

例 男尊女卑は、封建制度の残滓である（男性を尊重し、女性を男性に従う存在として軽視する考え方は、封建制度の名残である）。

関連語

・前近代／近代→P38

234 恣意《しい》…その時々の思いつき

自分の都合に合わせたその時々の思いつきという意味。「恣意が入る」「恣意的に解釈する」など、マイナスのニュアンスで使われることが多い。似た言葉に随意《ずいい》と便宜《べんぎ》がある。**随意**は「自分の思いのまま」、**便宜**は「都合がよい」という意味。

言語学者**ソシュール**は、音声や文字など記号表現＝シニフィアンと、そこからイメージされる記号内容＝シニフィエの結び付きに必然的な理由はないと考え、そのことを「**記号の恣意性**」と称《しょう》した。

例 人間は言語によって世界を恣意的に分節化している（自分たちの都合に合わせたその時々の思いつきで分けている）。

関連語
・分節化→P40
・記号→P117

235 捏造《ねつぞう》…でっち上げ

ありもしない事実を、あたかも事実のように偽《いつわ》って作り上げること。

似た言葉に**偽装**《ぎそう》や**改竄**《かいざん》、**糊塗**《こと》がある。**偽装**は、表面的に誤魔化《ごまか》して人目をあざむくこと。**改竄**は、文章を故意に書き換えること。**糊塗**は、うわべを取《と》り繕《つくろ》うこと。

例 テレビ局が、ドキュメンタリー番組で字幕を捏造した（ありもしない事実を事実であるかのように偽って作り上げた）。

関連語
・モラル・ハザード→P77
・歪曲《わいきょく》→P144

236 昇華《しょうか》…より高次の状態へと高められること

精神分析学では、本能的な衝動が社会的に価値ある行動に向かうエネルギーに変化するという意味。自然科学では、固体が直接気体になること。一般的には、物事がより高次元の状態へと高められるという意味。

例 あの造形作家は、招き猫を現代アートに昇華させた（より高次元の状態へと高めた）。

関連語
・意識／無意識→P15
・止揚《しよう》→P84

237 自明《じめい》…自《おの》ずと明らかであること

特に証明する必要もなく、その姿を見ればすでに明白であること。「**自明の理**」は、説明不要な論理のこと。

例 勝敗は自明だ（どちらが勝つかは、見ただけでわかる）。

関連語
・コモン・センス→P67

238 喚起《かんき》…呼び起こすこと

それまで意識されていなかった物事、あるいは、皆が忘れている重要な事柄を、何かのきっかけを与えて自覚させようとするという意味。

似た言葉に**想起《そうき》**がある。想起は、過去の体験や出来事を思い起こすこと。

例 水没の危機にあるツバルの現状を伝え、地球温暖化問題への関心を喚起する（呼び起こす）。

関連語
・契機→P120

239 桎梏《しっこく》…自由を束縛するもの

「桎」は足かせ、「梏」は手かせのこと。そこから、人間の行動を厳しく規制して自由を束縛するものという意味になった。

サルトルは、社会に参加し、自分を社会の状況の中に拘束すると同時に状況に働きかけ、新しい状況を作り出す営みを**アンガージュマン**（社会参加／自己拘束）と呼び、自《みずか》ら実行した。

例 親の過度な愛情が、子にとって桎梏となる（親が異常に愛情を注ぐために、子どもの自由が厳しく束縛される）。

関連語
・実存主義→P55
・葛藤《かっとう》→P140

240 痕跡《こんせき》…何かの跡《あと》

たとえば、森の中の足跡や糞《ふん》、羽毛は、動物の活動の痕跡であり、岩肌に記《しる》された描画《びょうが》は、先住民の歴史の痕跡である。残された指紋《しもん》は、犯罪の痕跡であり、原爆ドームは、戦争の痕跡である。

つまり、**痕跡**とは、過去に何かがあったことを示す跡《あと》という意味。大切なのは、痕跡から何が起きていたのかを読み解く能力だが、現代人の場合、残念ながら痕跡を読み解く能力が低下している。

例 ぼろぼろになった辞書は努力の痕跡である（使い古した辞書を見れば、努力していたことがわかる）。

関連語
・原因／結果→P24

241 **崇拝**《すうはい》…あがめ敬うこと

信仰に近い気持ち。心から尊いものと思って敬意を示すことをいう。何かを絶対視してしまうというマイナスのニュアンスで使われることもある。**尊崇**《そんすう》も同じ意味。似たような言葉に**憧憬**《しょうけい》と**私淑**《ししゅく》がある。憧憬は、憧《あこが》れること。私淑は、直接教わるわけではないが、ひそかに師として尊敬し、手本として学ぶこと。

関連語
・畏敬→P110　・帰依→P116

例 金銭を崇拝する（金銭を最も価値があるものと考え、極端に金銭に執着する）人を拝金主義者という。

242 **整合性**《せいごうせい》…矛盾がないこと／一貫性

整合性とは、理論体系の構成要素と構成要素の間に矛盾がなく、首尾一貫していること。論理において不可欠な性質である。

関連語
・合理／非合理→P23　・矛盾→P46

例 歴史ドラマの撮影において大切なのは、史実との整合性を持たせること（歴史上の事実と矛盾がないようにすること）である。

243 **摂理**《せつり》…自然界を支配している法則

キリスト教では、**創造主**《そうぞうしゅ》である**神**の意志のこと。一般的には、自然界の法則という意味で使う。

関連語
・合理／非合理→P23　・造化《ぞうか》→P129　・無常→P149

例 死と再生は、自然界の摂理（自然界を支配する法則）である。

244 物心二元論《ぶっしんにげんろん》…精神と肉体は別々に存在するという考え方

関連語
・唯心論→P145　・唯物論→P146

デカルトは、精神と肉体は別々に存在すると考え、物心二元論を説いた。**心身二元論**も同じ意味。

だが、**心身一如**《しんしんいちにょ》、**物心一如**《ぶっしんいちにょ》という言葉があるように、日本には精神と肉体は一体であるという考えがある。

例　物心二元論（精神と肉体は別々に存在するという考え方）は、西洋医学の発展に寄与した。

245 造化《ぞうか》…万物を創造すること／創造主《そうぞうしゅ》／創造された万物

関連語
・森羅万象→P21　・摂理→P128

三つの意味がある。一つ目は、天地の万物を創造すること。二つ目は、**創造主**《そうぞうしゅ》＝**造物主**《ぞうぶつしゅ》＝**神**。三つ目は、創《つく》り出された天地、宇宙、自然など、この世界のすべて。

古事記には、天と地が分かれて世界ができたとき（天地《てんち》開闢《かいびゃく》）、高天原《たかまのはら》に現れて万物を創造した神が、天御中主《あまのみなかぬしの》神《かみ》、高皇産霊神《たかみむすびのかみ》、神皇産霊神《かみむすびのかみ》であると記されている。この神々を**造化**の三**神**《さんしん》という。

例　造化の妙を感じる（神が巧みに創り出した世界に、言葉に尽くせぬ素晴《すば》らしさや美しさを感じる）。

246 相殺《そうさい》…差し引きゼロにすること

読みに注意。貸し借りや損得を互いに差し引いて帳消しにするという意味。そこから、長所や短所、メリットやデメリットなど、相反する二つの力や性質が打ち消し合い、パワーや特色をなくすという意味でも使われるようになった。

例 実質賃金の増加分は、物価の上昇によって相殺された（差し引きゼロになった）。

関連語
・還元→P54

247 疎外《そがい》…排除すること／人間性を失うこと

たとえば「クラスで疎外感を味わう」という場合の疎外は、仲間外れや除《の》け者にするという意味。

だが、人間は、自分が考え出したり、作り出したりした事物に疎外感を覚えることもある。**ヘーゲル**は、人間が自分の精神に疎外感を覚える状況を「**自己疎外**《じこそがい》」と呼び、**マルクス**は、労働の成果である生産物が資本家の手に渡り、労働が自分の喜びのための行為とは言えなくなる状況を「**労働の疎外**」と呼んだ。いずれにせよ、疎外という言葉は「人間性の喪失」を表現している。

似た意味の言葉に**淘汰**《とうた》がある。淘汰は、不要のものを取り除くという意味。また、同音異義語の**阻害**《そがい》は、妨《さまた》げて邪魔《じゃま》をするという意味。

例 組織の歯車は、人間疎外の状況（人間が人間性を喪失している状況）を比喩的に表現する言葉である。

関連語
・資本主義→P58

248 齟齬《そご》…食い違い

もともとは、上下の歯が噛《か》み合わないという意味。そこから、物事が食い違ってうまくいかない状態という意味になった。

例 企業理念と企業活動に齟齬が生じている（食い違ってうまくいかない状態である）。

関連語
・矛盾→P46
・整合性→P128

249 相克《そうこく》…相手に勝とうとして互いに争うこと

中国の**陰陽五行説**《いんようごぎょうせつ》によれば、五行とは、木《もく》、火《か》、土《ど》、金《ごん》、水《すい》という五つの元素であり、木は土に、土は水に、水は火に、火は金に、金は木に勝つという。これが**五行相克**《ごぎょうそうこく》の思想である。**相克**とは、対立、矛盾するものが、相手に勝とうとして争うこと。**相剋**《そうこく》とも書く。

例 理性と感情の相克（互いに争うこと）。

関連語
・ディレンマ→P99
・葛藤→P140

250 碩学《せきがく》…学識が広くて深い偉大な学者

ただ広く豊かな知識を持っている＝**博学**であるだけでなく、深く物事を考えているため、その道の権威として尊敬される偉大な学者のこと。似た言葉に**博覧強記**《はくらんきょうき》がある。博覧強記とは、古今東西の書物を読み、よく記憶していること。

例 南方熊楠《みなかたくまぐす》ほど、碩学（学識が広くて深い偉大な学者）の名にふさわしい人物はいない。

関連語
・ペダンティック→P104
・韜晦《とうかい》→P134

251 耽美《たんび》…美を最高の価値と考え、美に陶酔すること

美を最高の価値とし、美に陶酔することをいう。**唯美**《ゆいび》も同じ意味。そして、美の追求を目的とする立場を**耽美主義**（**唯美主義**）、耽美主義を主張する人々を**耽美派**（**唯美派**）という。

美に関しては、**審美**《しんび》という言葉も大切。審美とは、何が美しくて何が醜いか、美と醜を識別するという意味であり、その能力を**審美眼**《しんびがん》という。

例 耽美派（美を最高の価値と考え、美に陶酔する人々）は、道徳よりも美の自律性を重んじる。

関連語
・ロマンティシズム→P86
・デカダンス→P99

252 鳥瞰《ちょうかん》…高いところから広く全体を見渡すこと

鳥が空から大地を見下ろすように高い視点から広い範囲を眺めること。そこから、物事の全体を広く見渡すという意味になった。**俯瞰**《ふかん》も同じ意味。

例 自分自身を含む風景を鳥瞰する力（物事の全体像を見渡して客観的に自分の位置を把握する力）は、人間が生きていく上で大切な能力である。

関連語
・ミクロ／マクロ→P78
・パースペクティブ→P101

253 反故《ほご》…不要になった紙

書画などを書き損《そん》じて不要になった紙。「ほんご」「ほうご」「ほうぐ」「ほんぐ」「ほぐ」とも読む。

関連語
・残滓→P124

「**反故にする**」という場合、「無駄になったものを捨てる」という意味と「約束などを一方的になかったことにする」

という二つの意味がある。

例 選挙公約が反故にされた（一方的になかったことにされた）。

254 倒錯《とうさく》…逆になること

本能や感情が、正常とされる社会的規範に反する形で現れ、異常で反社会的、反道徳的とされる状態。

関連語
・フェティシズム→P86
・正常／異常→P159

例 倒錯した（社会的規範に反した）愛情を注ぐ。

255 踏襲《とうしゅう》…そのまま受け継ぐこと

習慣や前例など、それまでの方針や方法を変更しないで、そのまま受け継ぐこと。習慣や前例は、それが習慣や前例であることを理由に**踏襲**されることが多い。

ある民族や社会集団が歴史を通じて受け継いできた風習、信仰、制度、思想、芸術、技術、しきたりなどを総称して**伝統**というが、伝統が継承されるのも、それが伝統だからである。

関連語
・保守／革新→P154

例 従来の路線を踏襲する（今までのやり方をそのまま受け継ぐ）。

256 韜晦《とうかい》…才能や地位や本心を包み隠すこと

「韜」は「つつむ」、「晦」は「くらます」という意味。自分の才能や地位、本心を、何か他《ほか》のことによって包み隠す、あるいは、姿や行方《ゆくえ》をくらますという意味。**自己韜晦《じことうかい》**という言葉もある。対義語は**衒学《げんがく》**。

例 三島によれば、谷崎は自己韜晦（自分の本心を包み隠すこと）に成功した作家であるという。

関連語
・ペダンティック→P104
・碩学《せきがく》→P131

257 蕩尽《とうじん》…湯水のように使い果たすこと

財産などを湯水のように使い果たすこと。

経済人類学では、日常において蓄積された過剰《かじょう》が、非日常における祭りなどで一気に蕩尽されると考える。

例 戦争においては、何もかもが蕩尽される（使い果たされる）。

関連語
・日常／非日常→P32

258 横溢《おういつ》…満ちあふれていること

たとえば、やる気に満ちた受験生を見た時、先生は「この生徒は気力が横溢している」などと思う。

もともとは、水がみなぎってあふれる様子のこと。

例 流行歌には、その時代の空気が横溢している（その時代の雰囲気が満ちあふれている）。

関連語
・アウラ→P104

259 等閑視《とうかんし》…軽く見ておろそかにすること

等閑と書いて「**なおざり**」と読む。「**等閑《とうかん》に付す**」も同じ意味。物事を軽く見て注意を払わず、そのまま放って置く、つまり「なおざり」にするということ。ちなみに「**おざなり**」は、漢字で書くと「**御座《おざ》なり**」で、その場限りの間に合わせという意味。

似た言葉に**白眼視《はくがんし》**があるが、これは、冷たい目で見て冷淡に扱うという意味。

関連語
・愚弄《ぐろう》→P141

例 その工事計画は、地下水への影響を等閑視している（軽視し、考慮しようとしていない）。

260 洞察《どうさつ》…本質を見抜くこと

「洞」は穴、「察」は見分けるという意味。**洞察力**とは、鋭い観察力で物事の奥底にある本質まで見通す能力のこと。

類義語に**慧眼《けいがん》**や**達観《たっかん》**がある。**慧眼**は、物事の本質を見抜く鋭い眼力 ＝ 洞察力。**達観**は、全体の情勢を広く見渡して真理を見極める、あるいは、何事にも動じない境地に至るという意味。

関連語
・直観→P16
・類推《るいすい》→P144
・本質／現象→P21

例 洞察力（物事の本質を見通す能力）に類推《るいすい》という働きが関係していることは確実である。

261 贖罪《しょくざい》…罪をつぐなうこと

贖罪 ＝ 罪を贖《あがな》う とは、何かを犠牲や代償として捧げることによって罪滅《つみほろ》ぼしをすること。

キリスト教では、人間の罪 ＝ 原罪 をキリストが十字架にかかって死ぬことでつぐなった行為を贖罪という。

例 ボランティア活動に参加したからといって、贖罪（罪滅ぼし）になるとは限らない。

関連語
・スケープゴート→P98

262 冒瀆《ぼうとく》…神聖な存在を冒《おか》し汚《けが》すこと

神聖で触れてはならないものに触れたり、汚《きたな》い言葉で罵《ののし》ったりすることによって、その世界を汚すこと。また、大切なものや清純なものの価値を貶《おとし》める行為や発言も、広い意味での冒瀆である。

例 パロディを芸術作品への冒瀆（芸術作品の価値を貶める行為）と考える人もいる

関連語
・タブー→P68
・崇拝《すうはい》→P128

263 皮相《ひそう》…表面／うわべ

物事の表面、うわべという意味。たとえば、観察が表面的で深い考えもなく、本質に至らないまま物事を判断している場合、その判断は「皮相的な見方」とされる。

例 日本人による個人主義の理解は皮相的（表面的）である。

関連語
・本質／現象→P21

264 意匠《いしょう》…創意工夫／デザイン

たとえば「意匠を凝《こ》らす」という場合、意匠は、何か作品などを作る際の創意や工夫という意味である。また、意匠には、工夫を凝らして出来上がったものという意味もあるし、デザインという意味もある。

類義語に**趣向**《しゅこう》がある。趣向は、趣《おもむき》を出すために凝らした工夫という意味である。

関連語
・形式／内容→P153

例 工芸品には、意匠（実用性だけでなく、色や形、模様などの創意工夫）が凝らされている。

265 風土《ふうど》…その土地の自然条件

土地の気候、土が肥《こ》えているかどうかという地質の良し悪し、山か海か、険《けわ》しいか平らなのかという地形の様子や景観、それらを総合した自然条件が、その土地の風土である。また、人間の思考や行動に影響を及ぼす社会環境のことを精神的風土という。

関連語
・原風景→P149

例 風土（その土地の自然条件）と食文化は、密接に関係している。

266 敷衍《ふえん》…範囲を広げること／わかりやすく説明すること

二つの意味がある。たとえば「哲学を日常生活に敷衍して論じる」という場合は、**範囲を広げる**という意味だが、たとえば「論文の趣旨を敷衍する」という場合は、**比喩や具体例を挙げて、わかりやすく説明する**という意味である。

文脈で意味を判断しよう。

例 学校教育における問題を一般社会に敷衍して（範囲を広げて）考察する。

関連語
・抽象／具体・具象→P11
・直喩／隠喩→P47

267 畢竟《ひっきょう》…つまり／結局

「畢」も「竟」も、終わるという意味。**所詮**《しょせん》も同じ意味。「さまざまな経緯はあったとしても、最終的に到達する結論としては」というニュアンス。

例 畢竟（最終的に到達する結論としては）、粋と野暮は、日本人独自の生き方の規準である。

関連語
・蓋《けだ》し→P142
・粋／野暮→P150

268 投影《とうえい》…影響が具体的に現れること

もともと物体の影が平面上に映《うつ》るという意味。そこから比喩的に、たとえば「芸術は時代精神の投影である」というように、**ある物事が他の物事に影響を与え、その影響が具体的な姿や形となって現れる**という意味で使われるようになった。

心理学では、**理解や解釈の仕方に心の内面が表現されること**、特に自分の内部の認めたくない感情や性質に関して、それは自分ではなく相手の感情や性質であると無意識に思

関連語
・意識／無意識→P15

い込むことを自己投影＝自己投射という。

例 親の価値観が子どもの行動に投影する（親の価値観が子どもに影響を与え、その影響が子どもの行動において具体的に現れる）。

269 包摂《ほうせつ》…包み込むこと

ある範囲の中に包み込むこと。論理学では、ある概念が、より一般的な概念に包み込まれる関係のこと。たとえば、人間という概念は哺乳類《ほにゅうるい》という概念に包摂され、哺乳類という概念は生物という概念に包摂される。

例 多様性を認める社会を構築するには、社会的包摂（弱者を含む人々を誰一人排除せず、社会の一員として大切にする）という概念を共有するべきである。

関連語
・概念→P40
・内包／外延→P42

270 喧伝《けんでん》…世間に広く伝えること

読みに注意。大声で世間に言いふらすニュアンス。宣伝《せんでん》と似ているが、宣伝は、広告媒体などを使って商品の効用などを広く知らせること。

例 活字離れが喧伝されている（世間に広く伝えられている）。

関連語
・プロパガンダ→P103

271 民族《みんぞく》…文化を共有し、同族意識を持つ集団

言語や宗教、生活手段を共有することによって同族意識を持つ集団。本来、**民族**は**文化的な区分単位**であり、**生物学的な区分単位**である**人種**とは異なる概念である。
ちなみに、**民俗**は、民間の人々に伝わる風俗や生活習慣、民間伝承など文化の総称。**民俗学**は、民間伝承を調査し、人々の生活や文化、歴史を研究する学問のこと。

例 民族自決とは、民族（文化を共有し、同族意識を持つ集団）は、政治的に独立し、自分たちの運命を自分で決定できるという原則である。

関連語 ・ナショナリズム↓P90 ・フォークロア↓P103

272 無為《むい》…自然のままで作為のないこと

老荘思想の根本的な原則は、**無為自然**《むいしぜん》である。無為とは「作為《さくい》を施《ほどこ》さず」すなわち、意図的な行為をしないということ。自然とは「自《おの》ずから然《しか》る」すなわち、それ自身によってそうなっていること。つまり、何の作為もない自然な状態。

例 無為にして化す（聖人が作為を用いなければ、人々はその徳に自然に感化され、天下は治まる）。

関連語 ・ピュシス↓P101

273 葛藤《かっとう》…選択に思い悩む状態

語源は「葛《かずら》」や「藤《ふじ》」が絡《から》み合った状態。たとえば、将来、好きなことだけれども不安定な道を選ぶか、好きではないことだけれども安定した道を選ぶか、君も迷う時が来るかもしれない。そのように、心の中に別な方向への思い

関連語 ・アンビバレンス↓P69 ・ディレンマ↓P99

があって、その選択に思い悩む状態を**葛藤**という。争い、いざこざ、揉《も》め事という意味もある。

例 義理と人情の板ばさみで葛藤する（選択に思い悩む）。

274 免疫《めんえき》…体内に侵入した異物を排除する働き

体内に侵入した病原菌や毒素を［異物］＝［非自己］と判断して体外に排除し、自己を守ろうとする働きのこと。また比喩《ひゆ》的に、何度も経験するうちに慣れてしまうことを「免疫ができる」という。

例 免疫（体内に侵入した異物を排除する働き）とは、自己と自己以外の物質を識別し、自己のアイデンティティを維持する働きでもある。

関連語 ・アイデンティティ→P64

275 揶揄《やゆ》…からかうこと

「揶」も「揄」も「からかう」という意味。似た言葉に、**嘲笑**《ちょうしょう》、**嘲弄**《ちょうろう》、**愚弄**《ぐろう》がある。嘲笑は、馬鹿にして笑うこと。嘲弄は、馬鹿にしてからかうこと。そして、愚弄は、見下《みくだ》してからかうこと。

それらに対して、**揶揄**には、面白おかしく相手をからかう、あるいは、冗談や皮肉を言って相手をからかうという意味がある。

例 「当たるも八卦《はっけ》、当たらぬも八卦」は、八卦を揶揄した（からかいの対象にした）言葉に思える。

関連語 ・アイロニー→P92 ・風刺→P97

276 **示唆《しさ》**…それとなく示すこと

何らかのサインやヒントを出して、何かに気づかせること。似た言葉に**教唆《きょうさ》**がある。教唆は、人に暗示を与え、悪いことをするように仕向けるという意味。

例 ノーベル賞受賞者の講演は、示唆に富む（それとなく気づかされることが多い）話だった。

関連語
・隠喩→P47
・メタファー→P65
・喚起→P126

277 **蓋し《けだし》**…まさしく／たしかに／本当に

次に述べることは的《まと》を射《い》た判断であると、確信を抱きながら推定するニュアンス。

例 「禍福《かふく》は糾《あざな》える縄《なわ》の如《ごと》し」とは、蓋し名言である（「幸福と不幸は、より合わせた縄のように表裏一体である」とは、まさしく名言である）。

関連語
・自明→P126
・畢竟《ひっきょう》→P138

278 **解脱《げだつ》**…煩悩《ぼんのう》から解放されて自由になること

人間を苦しめる欲望、執着《しゅうちゃく》、怒り、憎しみ、嫉妬心などのすべてを**煩悩《ぼんのう》**という。そして、煩悩による苦しみから解放され、絶対的な自由の境地＝**涅槃《ねはん》**に到達すること、悟りを開くことを**解脱**という。

例 自我への執着から解脱すること（解放されて自由になること）は、容易ではない。

関連語
・自我→P31
・ルサンチマン→P102

279 超自我《ちょうじが》…自分をコントロールするもう一つの自我

人が、誰も見ていないのに悪事ができないのは、自己を監視してコントロールする、もう一つの**自我**があるからではないかと、精神分析学者の**フロイト**は考えた。

その自我を**超自我**＝**スーパーエゴ**という。

例 フロイトによれば、超自我（自分を制御する、もう一つの自我）は道徳性の根源である。

関連語
・自我→P31
・モラル→P77

280 彷徨《ほうこう》…さまよい歩くこと

目的地を決めず、さまよい歩くこと。「彷徨う」と書いて「さまよう」と読ませるケースもある。

類義語に**漂泊**《ひょうはく》、**流浪**《るろう》、**放浪**《ほうろう》がある。いずれも、住居を定めず、さまよい歩くという意味。

例 青春時代は、彷徨の季節（心が定まらずに揺れ動く時期）だ。

関連語
・デラシネ→P121

281 類推《るいすい》…共通性に基づいて推測すること

比較して**共通性**の有無を確認することを**類比**という。類比によって共通性を認識し、他の物事も同じ性質を持つだろうと推測することを 類推 ＝ アナロジー という。

例 既知の部分から未知の全体像を類推する（共通性に基づいて推測する）。

関連語
・未知／既知→P20
・差異性／共通性→P154

282 保障《ほしょう》…保護して守ること

同音異義語
●保障＝状態が守られるように手段を講じること
（例）安全保障・社会保障・生活の保障
●**保証**＝大丈夫と約束し、万一の際は責任を取ること
（例）品質保証・連帯保証・身元保証人
●**補償**＝損害を補って、つぐなうこと
（例）災害補償・公害補償・補償金

例 基本的人権は憲法によって保障されている（保護されて守られている）。
先日購入したパソコンには、三年間の保証がついている（三年以内ならば修理が無料である）。
国家に薬の副作用による健康被害の補償を求める（損害を金銭でつぐなうことを求める）。

関連語
・包摂《ほうせつ》→P139

283 歪曲《わいきょく》…事実を故意にゆがめること

関連語
・欺瞞《ぎまん》→P118
・捏造《ねつぞう》→P125
・矮小化《わいしょうか》→P147

事実を意図的にゆがめて偽《いつわ》りを伝えるというマイナスの意味を持つ言葉。

例 事務方のミスであり、捏造《ねつぞう》の意図はなかったという報告は、事実を歪曲している（事実を意図的にゆがめて伝えている）。

284 市井《しせい》…人家が多く集まっている場所

読みに注意。昔、中国で井戸のある所に人々が集まり、市《いち》が立ったという故事による。**市井の人**とは、街中に住む普通の人のことである。似た言葉に**巷間《こうかん》**がある。巷間は、世間という意味。

関連語 ・世間→P49 ・大衆→P50 ・地縁→P121

例 その頃の先生は、まだ博士号も取得していないし、書籍も出版していない市井の篤学者《とくがくしゃ》であった（街中で熱心に学問に励《はげ》む一般人であった）。

285 唯心論《ゆいしんろん》…精神を本質とする考え

世界を構成する究極的な存在は精神であり、肉体、身体、自然という物質的な存在は、すべて、霊魂、心、意識という精神的な存在の所産であるという考え。**プラトン**や**ヘーゲル**が代表的な唯心論者。

関連語 ・観念論→P40 ・唯物論→P146

例 唯心論は、所詮観念論にすぎないと批判される（精神を本質とする考えは、結局は頭の中だけで作り上げた考えにすぎないと批判される）。

286 唯物論《ゆいぶつろん》…物質を本質とする考え

世界を構成する根源的な存在は物質であり、身体から独立した精神や意識は存在しないという考え。意識や精神は、頭脳という物質の働きの所産であると考える。**デモクリトス**、**エピクロス**、**ホッブズ**、**マルクス**などが代表的な唯物論者。

関連語
・唯心論→P145
・物質／精神→P156

例 現代の科学者は、一般的に唯物論者（物質を本質と考える人々）である。

287 和魂洋才《わこんようさい》…日本固有の精神を維持し、西洋の技術を活用すること

関連語
・前近代／近代→P38

- **和魂漢才**＝日本固有の精神を維持しつつ中国の学問を活用すること

⇐

- **和魂洋才**＝日本固有の精神を維持しつつ西洋の技術を活用すること

日本は古来、中国を手本としていたが、明治維新以降、西洋を手本とするようになった。そのため、江戸時代まで**和魂漢才**《わこんかんさい》という言葉が使われていたが、明治維新以降は、**和魂洋才**という言葉が使われるようになった。

例 日本の近代化は、和魂洋才（日本固有の精神と西洋の技術の融合）によって実現した。

288 矮小化《わいしょうか》…小さく断片化したり、本質とは異なる些末な話にしたりすること

たとえば「組織的な関与が疑われる問題を個人の問題に矮小化する」ように、本来、小さなスケールで捉えるべきではないのに、小さく断片化したり、本質的ではない部分を強調して些末《さまつ》な話にしたりするという意味。

例 君は人生における幸福を金銭の問題に矮小化している（本質的ではない些末な話にしている）。

関連語 ・歪曲→P144

289 夭折《ようせつ》…若くして死ぬこと

読みに注意。夭逝《ようせい》も同じ意味。才能のある人が、才能を惜しまれながら世を去る時に使う言葉。

例 天才は夭折する（若くして死ぬ）。

関連語 ・無常→P149

290 遍歴《へんれき》…広く諸国をめぐり歩くこと／さまざまな経験を重ねること

一か所にとどまらず、多くの国々を旅すること。そこから、さまざまな経験を重ねるという意味でも使う。

似た言葉に、**巡礼**《じゅんれい》、**行脚**《あんぎゃ》、**遍路**《へんろ》がある。巡礼は、聖地や霊場《れいじょう》を参拝《さんぱい》して巡《めぐ》ること。行脚は、何か目的を持って諸国を旅すること。あるいは、僧が諸国を巡り歩いて修業すること。遍路は、空海の修行の遺跡《いせき》である四国八十八箇所の霊場を巡り歩くこと、または、その人。

例 読書遍歴（重ねてきた読書経験）を知ることによって友人への理解が深まった。

関連語 ・彷徨《ほうこう》→P143 ・遍在《へんざい》→P160

291 判官贔屓《ほうがんびいき》…弱者に同情し、味方すること

読みに注意。弱者や敗者、不遇《ふぐう》の人に同情し、応援すること。「はんがんびいき」は誤読の慣用化。日本人には元来、判官贔屓の気質があると言われている。ちなみに、**義侠**《ぎきょう》や**任侠**《にんきょう》も、本来は「強きをくじき、弱きを助ける精神」という意味である。

例 「痩《や》せ蛙《がへる》負けるな一茶《いっさ》これにあり」という有名な俳句には、判官贔屓の心性《しんせい》（弱者に同情し、味方する精神的傾向）が表現されている。

関連語
・義理→P148

292 義理《ぎり》…人として守るべき正しい筋道

人間関係において恩義《おんぎ》を重んじる人を「義理堅い人」というように、元来、**義理**には正しい筋道や道理という意味があったが、今では「義理でチョコレートを渡す」というように、表面的な人間関係を維持するために果たす義務的な行為という意味で使われることが多い。

例 恩師に義理を立てる（先生から受けた恩義を大切なものと考え、それに見合うような行為をする）。

関連語
・世間→P49
・葛藤《かっとう》→P140

293 共同幻想《きょうどうげんそう》…多数の人が共有している幻想

「お金に価値がある」「学歴に価値がある」「ブランドに価値がある」というのは、虚構であり、幻想にすぎないが、多くの人が同じ幻想を共有し、幻想の中にいるため、それらが 幻想 ＝ 虚構 であることに気づかず、現実だと思う。

関連語
・現実／虚構→P33

そのような幻想を**共同幻想**という。

例 時間が過去から未来へと一直線に進むイメージは、共同幻想（多数の人が共有している幻想）だ。

294 無常《むじょう》…この世のすべては変化すること

この世のすべては**生生流転**《しょうじょうるてん》し、永遠不変《えいえんふへん》のものなど存在しないこと。特に、人の命や人生の儚《はかな》さを無常という。世の中は無常というものの見方が、**無常観**。対義語は**常住**《じょうじゅう》。常住とは、変化することなく、未来永劫《えいごう》に存在すること。

関連語
・諦念→P115　・摂理→P128

例 「ゆく河の流れは絶《た》えずして、しかも、もとの水にあらず」という方丈記《ほうじょうき》の冒頭は無常観（この世のすべては変化するというものの見方）を表現している。

295 原体験《げんたいけん》…生き方や考え方に大きな影響を与えた幼い頃の体験

幼い頃に戦争を経験した人は、一生戦争を肯定しないだろう。その人にとっては、戦争が原体験である。**原体験**を振り返る時に、思い出の場所として心に描かれるイメージを**原風景**という。

関連語
・経験／体験→P27　・ノスタルジー→P66

例 里山で遊んだことが、私の原体験（生き方や考え方に大きな影響を与えた体験）になっている。

296 粋《いき》……洗練されている様子
297 野暮《やぼ》…洗練されていない様子

粋は、趣味がよく洗練されている様子のこと。それに対して、**野暮**は、趣味が悪くあか抜けない様子。

また、粋には、人情の機微《きび》に通じ、その場にふさわしい振る舞いができるという意味がある。**通**《つう》も同じ意味。粋な人のことは、**粋人**《すいじん》という。一方、野暮には、人情の機微を理解せず、その場にふさわしい振る舞いができないという意味がある。**不粋**《ぶすい》も同じ意味。きわめて野暮なこと、あるいは、野暮な人のことは、**野暮天**《やぼてん》という。

粋は、江戸時代の町人の美的理念であり、粋であるためには、それなりの教養が必要とされた。

例
粋な計《はか》らいをする（人情の機微に通じ、さりげないが、思いやりの感じられる処置をする）。
野暮なことは言わない（人情の機微をわきまえず、事情を詮索《せんさく》するようなことはしない）。

関連語

・理念→P41
・機微《きび》→P116

298 使用価値《しようかち》…使用する際に役立つ物や商品の性質
299 交換価値《こうかんかち》…他の商品や貨幣と交換する際の価値

たとえば、バッグの**使用価値**は、物を入れて持ち運ぶのに役立つ点にある。だから、世の中のバッグの使用価値は、どれも同じである。だが、**交換価値**となると、有名なブランド物のバッグは、そうでないバッグより価値が高いと思われている。それは、職人が労力と時間をかけて製作した結果、**労働価値**があるからかもしれないし、需要に供給が

関連語

・資本主義→P58
・共同幻想→P148

追い付かず、**希少価値**が生じたからかもしれない。あるいは、そのブランドに価値があるという共同幻想を人々が抱いている可能性も十分ある。
偽《にせ》ブランドに共同幻想を抱かないようにするには、本物と偽物＝**真贋**《しんがん》を見極《みきわ》める目が必要である。

例 ゴムボートの使用価値（水に浮かんで人を運ぶという性質）は、どのゴムボートでも同じだが、初秋の海岸と沈没寸前の船の上とでは、交換価値（貨幣と交換する際の価値）が異なる。

300 求心《きゅうしん》…中心に近づこうとすること
301 遠心《えんしん》…中心から遠ざかろうとすること

関連語
・中心／周縁→P32

たとえば、政治家の魅力がなくなり、人が集まらなくなることを「求心力が低下する」という。遠心力は、中心から遠ざかろうとする力のこと。

例 都市には、遠心力（周辺へと拡張する性質）と求心力（人々を惹《ひ》きつける魅力）がある。

302 能動《のうどう》…働きかけること

303 受動《じゅどう》…働きかけられること

能動は、積極的に自分から働きかけること。受動は、受け身、すなわち、消極的で他から働きかけられること。

- 能動→主体的→積極的→自律的
- 受動→客体的→消極的→他律的

例
「やる気になる」ということは、能動的な状態に受動的になる（働きかける状態になるようにいつの間にか働きかけられている）ことであるとも考えられる。

関連語

・主体／客体→P14
・自律／他律→P30
・パトス→P73

304 性善説《せいぜんせつ》…人間の本性は善であるという考え

305 性悪説《せいあくせつ》…人間の本性は悪であるという考え

性善説は**孟子**《もうし》、性悪説は**荀子**《じゅんし》の説。日本と西洋でも、傾向が異なる。

- 日本→母性原理→寛容→優しい→**性善説**が主流
- 西洋→父性原理→不寛容→厳しい→**性悪説**が主流

例
性善説（本性は善という考え）も性悪説（本性は悪という考え）も、道徳的な統治を目的としていた。

関連語

・罪の文化／恥の文化→P36
・超自我→P143

306 形式《けいしき》…外から見える形
307 内容《ないよう》…中にある事や物

内容よりも形式を重視する考え方を**形式主義**という。

●形式⬇見える⬇可視⬇具体的⬇現象
●内容⬇見えない⬇不可視⬇抽象的⬇本質

例 記述問題の解答を作成する時は、形式（外見）を守りつつ内容（中身）を充実させるとよい。

関連語

・抽象／具体→P11
・本質／現象→P21
・可視／不可視→P26
・量／質→P156

308 成熟《せいじゅく》…十分に成長すること
309 未熟《みじゅく》…成長が十分ではないこと

未熟な存在とは、すなわち、半人前ということ。一人前になるには、経験と努力、知恵と知識、そして、通過儀礼が不可欠である。

例 子どもを成熟に導く（精神的に十分に成長させる）ためには、まず、大人が自らの未熟（精神的な成長が十分ではないこと）を恥じるべきである。

関連語

・経験→P27
・イニシエーション→P92

310 差異性《さいせい》…違うところ
311 共通性《きょうつうせい》…同じところ

何かと何かを比べる場合、違うところだけでなく、同じところが見つかることがある。

たとえば、日本と中国は、歴史認識や外交政策において違うところもあるが、漢字を使う点、箸《はし》を使う点において共通している。あるいは、若者を中心にアニメ好きが多いところも共通性として挙げることができる。

国家と国家の関係において、**差異性**を強調すれば、対立が深刻になるが、**共通性**に注目すれば、対話のきっかけになるし、融和への道が開ける。

例 京都の高山寺への参詣《さんけい》とヴェズレーの聖マドレーヌ大聖堂への巡礼を比べると、高山寺が仏教の寺院であるのに対し、聖マドレーヌ大聖堂がキリスト教の教会である点においては差異性（違うところ）があるが、聖なる場所に近づくにつれて敬虔《けいけん》の念が深まっていく点においては共通性（同じところ）がある。

関連語
・類比→P144

312 保守《ほしゅ》…伝統や体制を守ろうとする立場
313 革新《かくしん》…伝統や体制を変えようとする立場

関連語
・進歩主義→P58
・踏襲→P133

歴史や伝統を尊重するため、従来の制度や習慣、考え方を守り、急激な改革を避けるのが、**保守主義**である。一方、個人の自由や多様性を認め、より平等な社会の実現を目指して社会を変革しようとする立場が、**革新主義**＝**進歩主義**である。**リベラル**ともいう。

フランス革命後の議会で、保守派が議長席から見て右側、革新派が左側の席を占めていた史実《しじつ》から、保守派を**右派《うは》**、革新派を**左派《さは》**と呼ぶ。

- ●**保守**↓体制を守る↓**右派**
- ●**革新**↓体制を変える↓**左派**

例 保守派（歴史や伝統を尊重する人々）が革新派（不合理や矛盾を改革しようとする人々）に反対する根底には、理性中心主義による進歩への懐疑がある。

314 本音《ほんね》…心の中の本当の気持ち
315 建前《たてまえ》…表向きの方針や意見

関連語

・世間→P49
・常套句→P99
・地縁／血縁→P121
・公／私→P160

日本人は、公《おおやけ》の席では**建前**を述べるが、私的《してき》な場では**本音**を漏《も》らす。公の席では、社会を構成する見知らぬ他者を前にしなければならない反面、私的な場では、自分の属する世間の人々、とりわけ身内《みうち》ともいえる気心の知れた人々を前にしているからである。

社会学の概念に、公の席、私的な場という区別と関係する、**ゲゼルシャフト**、**ゲマインシャフト**という概念がある。ゲゼルシャフトとは、国家、都市、会社など、**特定の目的や共通の利益のために形成している社会集団**。一方、ゲマインシャフトとは、村落、家族など、利害関係ではなく、**地縁《ちえん》や血縁《けつえん》によって自然に結合している社会集団**。一緒に覚えておこう。

例「善処《ぜんしょ》する」と言いつつ実際は何もしないという建前（表向きの方針）と本音（本当の気持ち）の使い分けは、官僚や大臣の常套手段《じょうとうしゅだん》だ。

316 物質《ぶっしつ》…質量のある物／欲望を満たす具体的な物
317 精神《せいしん》…心／意識／魂／心の働き／心構え／理念

関連語
・資本主義→P58
・物心二元論→P129
・唯物論→P146
・唯心論→P145

時代が近代に移行し、科学技術を手に入れた人間は、**物質主義**へと傾いていった。物質主義は**生産至上主義**につながり、大量生産、大量消費、大量投棄をサイクルとする**消費社会**を生んだ。近代は、精神的には、欲望の充足を求める人々が金銭を何よりも大切と考えるようになり、**拝金主義**が蔓延《まんえん》した時代といえる。だが、このままだと環境破壊が進行し、資源も枯渇する。そのため、現代では、**持続可能性**＝**サスティナビリティ**が重要視され、消費社会から**循環型社会**への転換が求められている。循環型社会を実現するためには、精神面において、欲望を制御する必要がある。

例 西洋的な物質主義（何よりも金銭の獲得や物の所有を優先させる考え方）を相対化するのは、東洋的な精神主義（心や魂を重視する考え方）である。

318 量《りょう》…長さ／重さ／容積／時間／個数／分量
319 質《しつ》…内容／中身／根本／価値／実質／性質

関連語
・絶対／相対→P10
・形式／内容→P153

生徒から「勉強は量と質、どちらが大切ですか？」と質問される。答えは両方。では、どちらが先か？　量をこなせば質も高まるという人もいるけれど、質の高い講義を受けたり、良質の参考書を読んだりするうちに、興味が出てきて自然に勉強量が増えることもある。

「どのくらいやったのか」という勉強の量は、時間やページ数、問題数などで数値化できるし、他者と比較することもできるけれど、「どのように思考したか」という勉強の質は、うまく数値化できないし、簡単に比較できない。

例 情報の量（分量）は飛躍的に増大したが、情報の質（内容や価値）は玉石混淆《ぎょくせきこんこう》である。

320 **正統**《せいとう》…正しいとされる系統に属する人々
321 **異端**《いたん》…正しいとされる系統に属さない人々

関連語
・マジョリティ／マイノリティ→P82
・疎外→P130
・踏襲→P133

創始者の直系とされる人々、始祖《しそ》の教えを忠実に伝えるとされる人々、伝統を継承し、本来の様式を守っているとされる人々、これらの人々を**正統**という。一方、正統とされる人々が認めていない思想や宗教、学説などを信じる人々を**異端**という。

正統派に属さず、独自の活動をする人を**異端児**というが、似た言葉に**異分子**がある。異分子とは、同一集団に属するが、他の多くの人々とは思想や行動が異なる者のこと。異分子は、多数派から疎外されがちだが、多数派が間違いを犯しそうな時、多数派の考えを相対化する視点を持っている貴重な存在であるともいえる。

例 コペルニクスの地動説を擁護《ようご》したガリレオ・ガリレイは、カトリック教会で正統信仰（聖書の教え）に反する異端（正しい教えに背く者）として宗教裁判にかけられた。

322 文明《ぶんめい》…西洋文明
323 野蛮《やばん》…西洋が遅れているとみなした状態

科学技術によって近代化を成し遂げた西洋は、自分たちの文明を進んだものと考え、アジアやアフリカを、文明を持たない未開で野蛮な世界とみなした。その結果、西欧諸国は、アジアやアフリカを植民地支配し、民族独立後も、政治的、経済的支配を続けている。野蛮なのは、西欧諸国ではないだろうか。

文化人類学者の**レヴィ・ストロース**は、未開とされる社会において人々が、その場で手に入る物を寄せ集めて必要な物を創り出している営みを［ブリコラージュ］＝［器用仕事］と呼び、未開社会の思考様式は、近代社会にも適用される普遍的な知のあり方であると論じた。

例 未開を野蛮とみなし、蹂躙《じゅうりん》した文明こそ、野蛮ともいえる（文明化されていない地域を遅れているとみなし、支配によって彼らの領土を侵害した西洋文明こそ、乱暴で非人道的ともいえる）。

関連語

・文化／文明→P37
・対称／非対称→P158

324 対称《たいしょう》……つり合っている状態
325 非対称《ひたいしょう》…つり合っていない状態

海の神から食べる分の海の幸を贈与され、儀式を行って海の神に感謝する。ここには対称性がある。だが、鯨《くじら》を資源として大量に捕獲するのは非対称である。

また、先進国が途上国を搾取《さくしゅ》し、経済格差が拡大している南北問題に目を移せば、軍事力、経済力、情報力において圧倒的に勝《まさ》っている先進資本主義国と開発途上国に対称

関連語

・グローバリゼーション→P68
・ピュシス→P101
・持続可能性→P156
・文明／野蛮→P158

性はない。そこにあるのは非対称である。しかも、**グローバル化**が進み、持てる者と持たざる者、富裕層と貧困層の格差も拡大している。

例 人間と自然界の対称性（つり合っている状態）が損《そこ》なわれ、非対称（つり合っていない状態）になることは、環境破壊の進行を意味する。

326 正常《せいじょう》…普通の状態
327 異常《いじょう》…普通ではない状態

正常と異常を区別する明確な基準はない。普通といっても、何をもって普通というのか？　それは大多数の一般の人々の感覚による。その結果、多数派が**正常**、少数派は**異常**とみなされる。しかも、多数派と少数派が入れ替わった場合、正常と異常も入れ替わる。

例 統計的な方法を用いた場合、平均値に近い数値ならば、正常（普通の状態）と見なされ、平均値から遠い数値ならば、異常（普通ではない状態）と見なされる。だが、母集団が異なれば、平均値も変わるため、正常と異常の判断において統計的な方法を絶対視することにはリスクがある。

関連語
・マジョリティ／マイノリティ→P82
・倒錯→P133

328 遍在《へんざい》…広くあちらこちらに存在する状態
329 偏在《へんざい》…ある所にかたよって存在する状態

「遍」は「あまねく」と読み、広く全体に行き渡るという意味。「偏」は「かたよる」と読み、一部分に集中するという意味。

例 神仏《しんぶつ》は全国に遍在する（どこにでも存在する）が、医師は都市に偏在する（かたよって存在する）。

関連語
・鳥瞰→P132
・遍歴→P147

330 公《おおやけ》…個人ではなく社会に関わること
331 私《わたくし》…社会ではなく個人に関わること

西洋人は、公園を「みんなの場所」として大事にするが、日本人は、公園を「誰のものでもない場所」と考えるため、大事にする意識が高いとはいえない。だが、日本人の多くは、庭の手入れには念を入れ、家に入る時は靴を脱ぎ、家の内部は清潔に保つ。

公共の場所として大切にされる西洋的な空間の秩序を「**外的秩序**」、私的な場所として大切にされる日本的な空間の秩序を「**内的秩序**」という。

「公《おおやけ》」には国家や社会、「私《わたくし》」には個人という意味もある。公があるから私が存在できるのか、それとも、私があってこそ公が成立するのか、議論の分かれるところである。

例 国会議員は、公人《こうじん》（公職に就《つ》く者）であり、全国民の代表である。したがって、自分の支持者しか代表しない国会議員は、権力を持った私人《しじん》（個人）であり、公人としての資格に欠ける。

関連語
・世間→P49
・本音／建前→P155

332 必要条件《ひつようじょうけん》…命題「AならばB」が真の時のB
333 十分条件《じゅうぶんじょうけん》…命題「AならばB」が真の時のA

関連語
・客観／主観→P14
・概念→P40
・内包／外延→P42
・包摂→P139

命題とは、客観的に正しいか間違っているか、真偽《しんぎ》の判断ができる文のこと。たとえば「パンダならば可愛い」という文は、主観が入っているので命題とはいえないが、「パンダならば哺乳類《ほにゅうるい》である」という文は、主観の入る余地がないので命題といえる。

ちなみに「哺乳類ならばパンダである」という命題は偽《ぎ》であるが、「パンダならば哺乳類である」という命題は真《しん》である。この場合、哺乳類であることはパンダであることの**必要条件**になり、パンダであることは哺乳類であることの**十分条件**になる。

例 問題意識を共有することは、議論が成立するための必要条件ではあるが、十分条件ではない（議論が成立するためには、問題意識を共有する必要があるが、問題意識を共有しているだけでは、議論を開始できても、議論の進展や継続につながるとは限らない）。

さくいん

※本書に掲載されている用語は、「見出し語」「**重要語**」「一般語」の3段階で示してあります。**太字の数字**は、メインで解説しているページを示しています。

あ行

か行

さ行

た行

な行

ま行

や行

高橋　廣敏（たかはし　ひろとし）
N予備校現代文・小論文講師。「現代文」の授業では、文章の論理構造と内容を把握したうえで正解に向かうプロセスを説明。「小論文」の授業では、課題文の読解にもとづくさまざまな発想と、論理的一貫性のある合格答案作成法を指導。
日々の生活の中で何よりもうれしいのは、「現代文」と「小論文」の授業を通じて知的好奇心を刺激された生徒が、読んで理解することの喜び、書いて自己表現することの喜び、思考することの喜びに目覚めてくれることである。
著書に『書き方のコツがよくわかる　人文・教育系小論文　頻出テーマ20』『書き方のコツがよくわかる　社会科学系小論文　頻出テーマ16』『書き方のコツがよくわかる　理系小論文　頻出テーマ15』（以上、KADOKAWA）などがある。

読解力《どっかいりょく》・得点力《とくてんりょく》が上《あ》がる　現代文重要《げんだいぶんじゅうよう》キーワード333

2022年12月17日　初版発行

著者／高橋《たかはし》 廣敏《ひろとし》

発行者／山下 直久

発行／株式会社KADOKAWA
〒102-8177　東京都千代田区富士見2-13-3
電話　0570-002-301（ナビダイヤル）

印刷所／株式会社加藤文明社印刷所

●お問い合わせ
https://www.kadokawa.co.jp/（「お問い合わせ」へお進みください）
※内容によっては、お答えできない場合があります。
※サポートは日本国内のみとさせていただきます。
※Japanese text only

定価はカバーに表示してあります。

ISBN 978-4-04-605683-2　C7081